Das wüste wilde Weihnachtsbuch

Wir warten aufs Christkind

Das wüste wilde Weihnachtsbuch

Zusammengesucht
von
Gerd Haffmans

BEI ZWEITAUSENDEINS

Erstausgabe
1. Auflage, Oktober 2003
2. Auflage, Oktober 2004

Das Umschlagbild und das Frontispiz fertigte Rudi Hurzlmeier.
Das Vorsatzmuster »Lausiges Weihnachtswetter« stammt von Steffen Haas.
Gestaltung und Produktion von Urs Jakob.
Satz: Fotosatz Reinhard Amann, Aichstetten.
Herstellung: GGP Media GmbH, Pößneck.
Printed in Germany.

Dieses Buch gibt es nur bei Zweitausendeins im Versand, Postfach, D-60381 Frankfurt am Main, Telefon 0 69-4 20 80 00, Fax 0 69-41 50 03. Internet www.Zweitausendeins.de, E-Mail info@Zweitausendeins.de. Oder in den Zweitausendeins-Läden in Berlin, Düsseldorf, Essen, Frankfurt am Main, Freiburg, 2 x in Hamburg, in Hannover, Köln, Mannheim, München, Nürnberg und Stuttgart.

In der Schweiz über buch 2000, Postfach 89, CH-8910 Affoltern a. A.

ISBN 3-86150-520-7

Adventszeit kann, wie Sexualität, etwas sehr Schönes sein. *Ulrich Holbein*

Weihnachtstage: eine dreckige Zeit.
Aubrey Beardsley

Weihnachtseinkäufe bedeuten die alljährliche Verwandlung von Gleichgültigkeit in Haß.
Philip Larkin

Mistletoe and sprigs of holly,
Everything that's nice and jolly.
This is what I wish you, dear:
Merry Christmas, Bright New Year.
Graham Lord

Während der verschiedenen saisonbedingten Feste, wie Weihnachten, versuche ich weiterzumachen, als wenn nichts Unangenehmes vorgefallen wäre. *Quentin Crisp*

Der Weihnachtsmann ist ein Mann, der den Wein achtet. *Thomas Kapielski*

INHALT

INHALT

INHALT

INHALT

1. Advent

2. Advent

3. Advent

4. Advent

STEFFEN HAAS

WOLFGANG HILDESHEIMER

Gedanken zu einem Gedicht von Loriot

Advent

Es blaut die Nacht, die Sternlein blinken,
Schneeflöckchen leis herniedersinken.
Auf Edeltännleins grünem Wipfel
häuft sich ein kleiner weißer Zipfel.
Und dort vom Fenster her durchbricht
den dunklen Tann ein warmes Licht.
Im Forsthaus kniet bei Kerzenschimmer
die Försterin im Herrenzimmer.
In dieser wunderschönen Nacht
hat sie den Förster umgebracht.
Er war ihr bei des Heimes Pflege
seit langer Zeit schon sehr im Wege.
So kam sie mit sich überein:
am Niklasabend muß es sein.
Und als das Rehlein ging zur Ruh',
das Häslein tat die Augen zu,
erlegte sie direkt von vorn

den Gatten über Kimm und Korn.
Vom Knall geweckt rümpft nur der Hase
zwei-, drei-, viermal die Schnuppernase
und ruhet weiter süß im Dunkeln,
derweil die Sternlein traulich funkeln.
Und in der guten Stube drinnen
da läuft des Försters Blut von hinnen.
Nun muß die Försterin sich eilen,
den Gatten sauber zu zerteilen.
Schnell hat sie ihn bis auf die Knochen
nach Waidmanns Sitte aufgebrochen.
Voll Sorgfalt legt sie Glied auf Glied
(was der Gemahl bisher vermied),
behält ein Teil Filet zurück
als festtägliches Bratenstück
und packt zum Schluß, es geht auf vier,
die Reste in Geschenkpapier.
Da tönt's von fern wie Silberschellen,
im Dorfe hört man Hundebellen.
Wer ist's, der in so tiefer Nacht
im Schnee noch seine Runde macht?
Knecht Ruprecht kommt mit goldnem Schlitten
auf einem Hirsch herangeritten!
»He, gute Frau, habt ihr noch Sachen,
die armen Menschen Freude machen?«
Des Försters Haus ist tief verschneit,
doch seine Frau steht schon bereit:
»Die sechs Pakete, heil'ger Mann,

's ist alles, was ich geben kann.«
Die Silberschellen klingen leise,
Knecht Ruprecht macht sich auf die Reise.
Im Försterhaus die Kerze brennt,
ein Sternlein blinkt – es ist Advent.

Im Jahr 1799 schreibt Caroline Schlegel an ihre Tochter: »Schillers Musenkalender ist auch da. Beim ›Lied von der Glocke‹ sind wir gestern fast von den Stühlen gefallen vor Lachen.« – »Wir«, das sind die Brüder Schlegel und ihre Frauen Caroline und Dorothea, vielleicht auch Tieck und Novalis. Der Tatsache, daß Caroline und Dorothea eine Parodie der folgenden Passagen geschrieben haben, entnehmen wir genau, um welche es sich handelt:

Und drinnen waltet die züchtige Hausfrau,
Die Mutter der Kinder,
Und herrschet weise
Im häuslichen Kreise
Und lehret die Mädchen
Und wehret der Knaben
Und reget ohn' Ende
Die fleißigen Hände

Caroline und Dorothea waren höchst emanzipierte Intellektuelle und daher weit davon entfernt, etwa die Schillersche Hausfrau als ein weibliches Ideal anzuerkennen. Und wären die jeweiligen Männer der beiden – die Schlegels waren ja nicht die einzigen – so spießbürgerlich gewesen, wie Schiller es, zumindest in seinen Ansichten, war, so wären die beiden Frauen in allem eigene Wege gegangen, wozu sie, ihrer Natur und ihrer Weltsicht nach, durchaus imstande gewesen wären.

Bei wiederholter Lektüre des wunderbaren Gedichtes »Advent« von Loriot, das wohl der Periode seiner mittleren Reifezeit zuzurechnen ist, habe ich mich hin und wieder gefragt, was wohl die beiden Damen von der Heldin *dieses* Gedichtes gehalten hätten, die, ohne jegliche Hilfe von außen, mutig und gefaßt, ihren eigenen Weg einschlägt. Ich denke, hier wäre ihnen das Lachen vergangen, sie wären nachdenklich geworden. Eine Genugtuung hätte für sie allein schon darin gelegen, daß hier eine Frau besungen wird, die mit beiden Beinen im Leben – freilich mit einem vielleicht schon in der Vollzugsanstalt – steht. Denn die weibliche Heldin ist in der deutschen Poesie selten. Mir fällt nur Bürgers Lenore und Goethes Johanna Sebus ein, die beide, jede auf ihre Weise, völlig anders angelegt sind als die Försterin Loriots. Wo der fundamentale Unterschied liegt, soll hier nicht erörtert werden. Ich behalte mir vor, eine separate Studie darüber zu schreiben.

Allerdings bin ich nicht sicher, ob die beiden Damen Schlegel nicht vielleicht doch ein leises Lächeln hätten unterdrücken müssen, angesichts dieser beiden Zeilen (bei denen Hugo Wolf, hätte er diese Strophen vertont, von d-Moll nach C-Dur übergegangen wäre):

Er war ihr bei des Heimes Pflege
seit langer Zeit schon sehr im Wege

und wir selbst mögen uns ebenfalls fragen, ob hier nicht doch ein allzu bürgerlich-prosaisches Element anklingt, ähnlich dem des Liedes von der Glocke. Denn ein solches Motiv würde das Verfahren der Försterin zu kleinlicher Häuslichkeit reduzieren, während sie sonst um einiges größer angelegt erscheint. Dazu kommt ein thematischer Einwand: Es erscheint dem Leser offensichtlich, daß die Heldin dieses Heim nicht mehr lange pflegen wird, denn gewiß handelt es sich um eine Dienstwohnung, von der sie sich nunmehr wohl trennen muß, um fortan in der Stadt von der mageren Hinterbliebenenrente des Ministeriums für Landwirtschaft und Forsten zu leben, es sei denn, daß sie, resolut wie sie ist, sich auf andere Weise zu helfen weiß, oder daß sie, wie schon gesagt, ihr Dasein fürderhin im Zuchthaus fristet.

Da wir nun schon bei den – wahrhaftig geringen – Schwächen des Werkes sind:

Der Gedanke:

> Voll Sorgfalt legt sie Glied auf Glied,
> (was der Gemahl bisher vermied)

an sich ein schöner Gedanke, befriedigt dennoch nicht vollends. Hier wäre das Perfekt am Platz gewesen, denn dieses so subtil angedeutete Verhalten liegt nunmehr in einer abgeschlossenen Vergangenheit, daher auch das Wort »bisher« etwas Irreführendes hat. Denn es hätte ja zu bedeuten, daß der Zustand, auf den es sich bezieht, sich in Zukunft ändern mag, wovon kaum die Rede sein kann.

Sonst aber erscheint mir dieses Gedicht vollkommen. Das

Lyrische und das Balladeske halten einander die Waage. Der thematische Aufbau der Waldnacht ist ein Stimmungsbild, das uns unwillkürlich an das »Abendlied« des Matthias Claudius erinnert, es entspricht derselben Innigkeit, und man möchte sich beinah die Worte »Verschon' uns, Herr, mit Strafen« aus dem Mund der Försterin vorstellen. Der Leser wird durch den Tann – vielleicht auch durch Birk und Busch – langsam dem erleuchteten Fenster entgegengeführt, hinter dem die gute Frau bei vorweihnachtlichem Kerzenschimmer schweigend, oder gar ein Liedchen summend, ihrer geheimnisvollen Tätigkeit nachgeht. Hier denn ist behutsam ins Dichterische abgewandelter Realismus, dem sich alsbald das Märchenelement zugesellt. Mit Silberschellen kündigt sich himmlisches Geschehen an, begleitet von dem irdischen Geräusch des Hundebellens, und schwebt, als betörender Adventszauber in Form des hirsch-reitenden Knecht Ruprecht, näher. Der goldene Schlitten ist, so denke ich, für die milden Gaben, die hier um sechs Köstlichkeiten bereichert werden. Der munter-derben Frage Knecht Ruprechts: »He, gute Frau ... » antwortet die Frau in schöner Bescheidung: »'s ist alles, was ich geben kann.« Aus diesen Worten spricht edle Genügsamkeit. Die Försterin nimmt ihr Schicksal auf sich und gibt sich über ihre Witwenrente keinen Illusionen hin.

Loriot hat den Mut zur Schlichtheit. Er wird niemals hermetisch, aber auch, trotz der lapidaren Wucht der Mitteilung, niemals grob realitätsbezogen; immer hebt das vorherrschende Erhabene die nüchterne Mitteilung in seinen Bereich. Der

Dichter bleibt stets in souveränem Bewußtsein der Zusammenwirkung alles Bestehenden.

> In dieser wunderschönen Nacht
> hat sie den Förster umgebracht.

In der großartigen Selbstverständlichkeit der Reihung mitunter starker Kontraste liegt die Stärke Loriots. Denn obwohl sie den Charakter einer Sendung niemals völlig verleugnet, enthält sie kein Pathos wie das Werk Stefan Georges und auch kein Selbstmitleid wie das Rilkes. Loriot ist einer jener Großen, die, obgleich sie tief in den Dingen stecken, niemals von sich selbst sprechen.

So gehört denn auch dieses Gedicht in jedes deutsche Haus, es wird nicht altern, sondern in seinem stillen Glanz, seiner verhaltenen Gemütstiefe, ewig frisch bleiben. Dazu kommt, daß jedes Kind es zu verstehen, wenn vielleicht auch noch nicht in seiner letzten Tiefendimension auszuloten vermag, in jener sublimen Einheit von Stoff und Form, die das große Kunstwerk ausmacht.

RUDI HURZLMEIER

»Mit Levitenlesen und in Sack stecken:
'n Fuffi! Na wie wärs?!«

MICHAEL McLAVERTY

Weihnachtsmann

»Wirst du tun, worum ich dich bitte?« sagte seine Frau wieder und wischte die Krümel von der Zeitung, die als Tischtuch diente. »Setz deinen steifen Hut auf, und du kriegst den Job.«

Weder antwortete er, noch hob er auch nur den Kopf. Er saß auf dem zerschlissenen Sofa und band sich die Schuhe zu, während hinter ihm zwei seiner Kinder tobten, die beide auf einer Brotkruste kauten. Seine Frau hielt inne, eine Hand auf die Hüfte gestemmt. Sie streifte den Schneeregen, der auf den Hinterhof fiel, mit einem Blick, drehte sich um und warf die Krümel ins Feuer.

»Du setzt ihn doch auf, John – oder?«

Wieder antwortete er nicht, obwohl er bereits eine Entscheidung getroffen hatte. Er ging rasch in die Spülküche, und während er sich wusch, nahm sie seinen Mantel von einem Nagel hinter der Küchentür, bürstete ihn kräftig ab und stach die Schmutzflecken mit dem spitzen Ende der Bürste aus dem Mantelstoff heraus. Sie hängte den Mantel über eine Stuhllehne und ging die Treppe hinauf, um den steifen Hut zu holen.

»Mit dem Gerät bin ich doch eine Lachnummer«, sagte er,

als sie ihm den Hut überreichte und in den Mantel half. »Da falle ich unter den anderen Bewerbern als rechter Zierat auf! Wenn du mich doch bloß in Frieden lassen wolltest!«

»Auf jeden Fall siehst du respektabel aus. Ich könnte mich glatt erneut in dich vergaffen«, und sie küßte ihn spielerisch auf die Wange.

»Wenn ich den Job nicht kriege, brauchst du mir keine Vorwürfe zu machen. Ich hab alles getan, worum du mich gebeten hast – alles Menschenmögliche.«

***

Er beeilte sich, seine Straße zu verlassen, falls einer der Nachbarn ihn fragen sollte, ob er zu einer Beerdigung wolle, und als er seinen Platz in der Schlange junger Männer, die sich alle um den Job als Weihnachtsmann im Großen Laden bewarben, eingenommen hatte, war er sich immer noch des Bowlers, der dort oben auf seinem Kopf saß, quälend bewußt. Er war ein furchtsamer kleiner Mann, und er versuchte, sich so an die Mauer zu schmiegen, daß er in dieser Gruppe graubemützter Männer nicht mehr auffiel. Der Regen troff immer so weiter, während sie darauf warteten, daß die Tür geöffnet wurde, und er die Tropfen beobachtete, wie sie sich an den Mützenschirmen festsetzten, anschwollen und zu Boden fielen.

»Wenn er einen Bart hätte, könnten wir alle nach Hause gehen«, hörte er jemanden sagen, seine Ohren röteten sich, und ihm war klar, daß diese Bemerkung ihm gegolten hatte. Aber als er später dem Geschäftsführer die mit Messingleisten gesäumten Stufen hinauffolgte, nachdem er den Job bekommen hatte, bedachte er die Weisheit seiner Frau und wußte, daß der Hut ihn mit einer gewissen abgetragenen Wohlanständigkeit belehnt hatte.

»Sind Sie verheiratet?« hatte ihn der Geschäftsführer gefragt und dabei betrachtet, wie er nervös den Hut in der Hand drehte. »Und haben Sie Kinder?« Er hatte alles mit schwächlichem Lächeln beantwortet, und der Geschäftsführer sagte ihm, er möge beiseite treten, bis er – reine Formsache – die anderen Bewerber befragt habe.

Und dann waren die Befragungen schnell vorbei, und als der Geschäftsführer und er treppauf gingen, sah er ein Stück Karamelbonbonpapier am Absatz des Geschäftsführers kleben. Sie gingen durch einen langen Mittelgang, und links und rechts waren reihenweise Verkaufstische, um die sich Kundschaft versammelt hatte. Und obwohl draußen hellichter Tag war, waren die elektrischen Lampen an, und durch das grelle Licht erhoben sich ein Stimmengesumm, das Klimpern von Geld und der warme Geruch von neuen Kleidern, Parfüm und Süßigkeiten – was John alles verwirrt und wie im Traum wahrnahm, denn sein Blick war fest auf das Bonbonpapier gerichtet, während er respektvoll dem Geschäftsführer folgte. Bald ging es über eine kurze Treppe nach oben, wo zwischen zwei Auflageböcken ein Schild – PRIVAT – befestigt war. Der Geschäftsführer hob es demonstrativ zur Seite, ließ John mit einem Wischen des Arms den Vortritt und befestigte das Schild voll routinierter Wichtigkeit wieder an Ort und Stelle.

»Augenblickchen«, sagte John und zupfte das Bonbonpapier vom Absatz des Geschäftsführers, zerknüllte es zwischen den Fingern und steckte es in die Tasche.

Sie betraten die stille Abgeschiedenheit eines kleinen Zimmers, in dem es erstickend nach Staub und Pappkartons roch. Der Geschäftsführer stieg auf eine Trittleiter, nahm einen großen Karton vom obersten Regal, betrachtete etwas Geschriebenes an dem Karton, klopfte sich den Karton gegen das Knie, um den Staub abzuschütteln, und zerriß den Bindfaden.

»Hier«, sagte er und warf den Karton herunter. »Da sind ein roter Mantel und ein weißer Bart drin.« Er setzte sich auf die oberste Sprosse der Leiter, an einer Fingerspitze hing eine Gesichtsmaske. »Irgendwie glaube ich nicht, daß Sie dies brauchen werden. So, wie Sie sind, genügt das schon. Legen Sie einfach Bart und Schnurrbart an.«

»Ganz wie Sie meinen«, lächelte John, denn er versuchte immer, den Menschen gefällig zu sein.

Ein weiterer Karton fiel ihm vor die Füße: »Da ist ein Paar Stiefel drin!« Der Geschäftsführer klappte die Trittleiter zusammen, pflückte sich geziert Staubfusseln von den Ärmeln und umriß Johns tägliche Pflichten, wobei er hervorhob, daß John nach Ladenschluß die Pakete für den nächsten Tag zu packen habe.

Allein gelassen, atmete John freier, zog sich den Mantel aus, hängte ihn an der Tür auf, und aus irgendeinem Grunde ging er, wenn er über den Fußboden ging, auf Zehenspitzen. Er nahm den pelzbesetzten roten Mantel, hielt ihn mit ausgestreckten Armen, um ihn zu bewundern, und quetschte eine Motte, die sich im Faltenwurf mühte, zu Tode. Flitterkram glitzerte auf den Schultern des Mantels, er wollte ihn schon mit dem Finger wegschnipsen, entschied dann aber, daß es weihnachtlicher wirkte, wenn er ihn dran ließ. Er zog den Mantel an, ging auf Zehenspitzen zu einem Spiegel an der Wand und blinzelte und grimassierte sich zu, wobei er manchmal den Kragen des Mantels hochstellte, um zu genießen, wie der Pelz warm seinen Nacken berührte. Er befestigte Bart und Schnurrbart und spuckte ein paar Haare aus, die sich in seinen Mund verirrt hatten.

»Na, das *ist* es aber doch«, sagte er, packte den Bart mit der Faust und wedelte mit ihm seinem Abbild im Spiegel zu. »Hallo, Weihnachtsmann!« lächelte er und dachte an seine Kinder und daran, wie sie lachen würden, wenn sie ihn so aufgedonnert in dieser Kluft sehen könnten. »Ich muß ihr sagen, daß sie sie mal mit herbringt«, und er drehte sich einmal rasch um sich selbst, so daß ein Haufen Packpapier in der Ecke raschelte.

Er zog seine Schuhe aus, sah nachdenklich die beiden kaputten Sohlen an und drückte den Daumen in das nasse Leder: »Pappdeckel, nichts als Pappdeckel!« sagte er voller Ekel und warf sie auf den Haufen Packpapier. Er griff nach den Stiefeln, die wie der rote Mantel mit Pelz besetzt waren. Sie sahen eher ein bißchen klein aus. Mit einigen Schwierigkeiten zwängte er seine Füße hinein. Er ging auf und ab und prüfte die Stiefel bei jedem Schritt; sie waren ihm eindeutig zu eng, aber er war keiner, der sich beklagte, und schließlich war es nur ein Job für die Vorweihnachtszeit, und bestimmt dehnten sie sich beim Tragen.

Als er vollständig angekleidet war, ging er die Treppe hinunter, hob das Bein über den Auflagebock namens PRIVAT und präsentierte sich auf einer der belebten Etagen. Ein Ladenmädchen zögerte, bevor es die Registrierkasse betätigte, und lächelte zu ihm herüber. Sein Gesicht brannte. Dann zupfte ein kleines Mädchen die Mutter am Rock und rief: »O Mammi, da ist der Weihnachtsmann!« Mit den Händen in den weiten Ärmeln stand er in einem Zustand nervöser Verblüffung da, bis das Ladenmädchen, wobei es sich mit der Spitze seines Bleistifts am Kopf kratzte, munter rief: »Weihnachtsmann: Erdgeschoß, Treppe runter abwärts!« Wegen der engen Stiefel stolperte er auf der Treppe, und als er stehenblieb, um Haltung bemüht, spürte er, wie das Blut in seinen Schläfen hämmerte, und er wünschte, er hätte nicht auf seine Frau gehört und den steifen Hut getragen. Immer nörgelte sie an ihm herum, nachts, mittags und morgens, dabei gab er sich verdammtnochmal solche Mühe!

Im Erdgeschoß winkte ihn der Geschäftsführer zu einem Miniaturhaus – einem Haus mit aufgemalten Imitationsziegeln, Schnee auf dem Dachvorsprung, einer Tür, durch die er eintreten konnte, wenn er sich tief bückte, einem Kamin, der breit genug für Kopf und Schultern war, und innen drin säuberlich aufgestapelte Pakete, manche blau und andere rosa eingewickelt.

Der Geschäftsführer zog eine Glocke mit Stiel hervor. »Sie stehen hier«, sagte der Geschäftsführer und stellte sich neben die Haustür. »Läuten Sie ein paarmal mit der Glocke – so. Dann rufen Sie mit lauter, gebieterischer Stimme: ›Hereinspaziert! Blau für die Jungs und Rosa für die Mädchen.‹« Und er erklärte, daß er, wenn das Geschäft flau war, auf die Leiter steigen, durch den Kamin einfahren und die Pakete auf diese Weise an den Mann bringen müsse, aber wenn sich bereits eine Menschenmenge gebildet habe, brauche er nur die Tür zu öffnen und jedes Kind mit Handschlag zu begrüßen, bevor er die Pakete überreiche. Sie seien alle gleich teuer – einen Shilling.

Etwa die ersten zehn Minuten lang war Johns Stimme schwach und gehemmt, und der Geschäftsführer, der nicht weit entfernt von ihm stand, befahl ihm, die Stimme etwas mehr zu heben: »Sie müssen Aufmerksamkeit erregen – dafür werden Sie schließlich bezahlt. Versuchen Sie's noch mal.«

»Blau für die Jungs und Rosa für die Mädchen!« rief John, und er stellte sich vor, wie die Käufer an den umliegenden Verkaufstischen innehielten, um ihm zuzuhören. »Blau für die Jungs und Rosa für die Mädchen!« wiederholte er und ließ den Geschäftsführer nicht aus den Augen, der ihn aus der Ferne überwachte. Der Geschäftsführer lächelte billigend und schwang dann eine imaginäre Glocke in der Luft. Plötzlich fiel John die Glocke in seiner Hand wieder ein, und er schwang sie heftig, aber ein Ladenmädchen sah ihn streng an, und er faltete die Finger über dem Glockenrand, um den Klang zu dämpfen. Er wurde selbstsicherer, aber indem seine Nervosität schwand, wurden ihm die engen Stiefel bewußt, die seine Füße einkerkerten, weshalb er gelegentlich in seinem kleinen Haus verschwand, abwechselnd die Sohle jedes Stiefels ergriff und sie auf dem Knie zu dehnen versuchte.

Aber die Kinder ließen ihn nicht in Frieden, und mit leutselig geneigtem Haupt, wenn der Geschäftsführer ihn beobachtete, lächelte er breit und lauschte mit gekünsteltem Interesse den Forderungen jedes Kindes.

»Bitte, lieber Weihnachtsmann, bring mir ein Dreirad und Angela einen Puppenwagen.«

»Das werde ich machen! Alles, was du willst«, sagte der Weihnachtsmann redselig, und er tätschelte dem kleinen Jungen mit sanfter Würde den Kopf, bevor er ihm ein blaues Paket aushändigte. Aber als er die Augen hob und die Mutter des Jungen sah, ließ ihn ihr Blick gefrieren.

»Ich hätte nicht gedacht, daß Sie dieses Jahr Dreiräder im Angebot haben«, sagte sie. »Ich dachte, Sie machen nur Holz-Eisenbahnen.«

»Ach ja! Nein, ja, ganz und gar nicht! Ja, natürlich, ich werde dir eine schöne Holz-Eisenbahn besorgen«, wandte sich der Weihnachtsmann in seiner Verwirrung an den Jungen. »Wenn du schön brav bleibst, habe ich eine bildhübsche Eisenbahn für dich.«

»Ich will keine olle Eisenbahn. Ich will ein Dreirad«, wimmerte der Junge und drückte sein blau eingewickeltes Paket an sich.

»Dies Jahr konnte ich keine Dreiräder machen«, tröstete der Weihnachtsmann. »Meine Rentiere waren krank, und drei sind mir weggestorben.«

Die Mutter des Jungen lächelte und nahm ihn an die Hand. »Siehst du, mein Schatz, hab ich dir nicht gesagt, daß der Weihnachtsmann keine Dreiräder hat? Ruf lieber was anderes den Schornstein hinauf – ein schönes Gesellschaftsspiel oder eine Holz-Eisenbahn.«

»Ich will kein olles Gesellschaftsspiel – ich will ein Dreirad«, weinte er und trampelte mit den Füßen.

»Ein warmes Ohr kannst du kriegen, wenn du nicht aufpaßt. Komm jetzt und laß den Blödsinn. Und das, nachdem der nette Weihnachtsmann dir so ein schönes Paket geschenkt hat, ganz für dich allein.«

Sie führte den Jungen mit sanfter Gewalt davon, und John, die Hände in die Ärmel geschoben, stand da, fühlte, wie ihm kitzelnd der Schweiß die Stirn herunterrann, und beschloß, den Kindern nichts zu versprechen, bis er von den Eltern ein Stichwort bekommen hatte.

Der Tag schritt fort, er kletterte die Leiter hinauf und durch den Kamin herunter, tauchte dann wieder auf, die Arme voller Pakete. Seine Füße folterten ihn, und als er einen Blick auf die Stiefel warf, war jede Runzel im Leder geglättet. So konnte er nicht den ganzen Tag weitermachen; es würde ihn in den Wahnsinn treiben.

»Hereinspaziert!« brüllte er. »Hereinspaziert! Blau für die Rosas und Jungs für die Mädchen! Hereinspaziert, habe ich gesagt. Blau für die Rosas und Jungs für die Mädchen.« Dann hielt er inne und wiederholte denselben Fehler, bevor er sich fing. Und noch einmal läutete er die Glocke mit unterdrückter Wildheit, bis ihr Klang das Geklingel der Kassen übertönte und die Ladenmädchen schreien mußten, um gehört zu werden.

Um ein Uhr stieg er matt die Treppe zum stillen Zimmer hinauf, wo ihm auf einem Tablett Essen gebracht wurde. Er zog die Stiefel aus und sah mitleidsvoll seine zerquetschten Zehen an. Er massierte sie zärtlich, und als er seine Mahlzeit beendet hatte, schälte er sich die Hühneraugen mit einer Rasierklinge, die er an einem der Verkaufstische gekauft hatte. Jetzt zwängte er seine nackten Füße in die Stiefel, ging durch das Zimmer und setzte sich wieder hin, das Gesicht vor Verzweiflung verzerrt. »Warum gebe ich bei dieser Frau immer wieder nach«, sagte er laut bei sich. »Ich habe die Kraft nicht – nicht den Mumm, aufzustehen und ihr ins Gesicht zu rufen: ›Nein nein nein! Ich mache es, wie es mir paßt und wann es mir paßt!‹« Heute abend wollte er ihr von seinen Qualen berichten, und seine armen Füße waren geballt wie eine rheumatische Faust.

Nach diesem Ausbruch besänftigt, beruhigte er sich damit, daß der Job nur drei Wochen daure, pfiff mit gespielter Zufriedenheit vor sich hin, wischte die Hühneraugenschnipsel vom Stuhl und ging davon, um sich vor das kleine Haus mit seinem imitierten Schnee auf dem Schornstein zu stellen.

Am Nachmittag war am meisten Betrieb, und er war froh, weil er wie ein Mensch an der Tür stehen und die Pakete verteilen konnte, anstatt wie ein dressierter Affe die Leiter rauf- und runterzuklettern. Wenn die Kinder ihn zu sehr bedrängten, hielt er sie auf Armeslänge, damit sie ihm nicht auf den Füßen herumtrampeln konnten. Aber es gelang ihm immer zu lächeln, wenn er sah, wie sie ihre Pakete schüttelten oder Löcher ins Papier rissen, um zu raten, was drin war. Und die Eltern lächelten ebenfalls, wenn sie ihn sahen, wie er den kleinen Mädchen mit dem Finger drohte und ihnen zu Weihnachten Puppen versprach, wenn sie zeitig ins Bett gingen, ihren Haferschleim aßen und keine Fingernägel mehr kauten. Aber vor Ladenschluß kam eine Frau mit einem unordentlichen Paket zurück. »Das soll für einen Jungen sein«, sagte sie reizbar. »Da ist aber eine Gummipuppe drin, und seitdem flennt sich mein Kleiner die Augen aus dem Kopf.«

»Ich bin noch neu hier«, entschuldigte sich der Weihnachtsmann. »Soll nicht wieder vorkommen.« Und er schmiß das Paket ins Haus und überreichte der Frau ein neues.

Am Ende seines Arbeitstages sammelte er einen kleinen Handschuh mit einem Loch in einem Finger, drei Taschentücher, ein blaues Perlenhalsband und eine Kinderhandtasche mit einem halben Penny und drei Straßenbahnfahrscheinen auf. Als er dies dem Geschäftsführer aushändigte, grübelte er, ob er sich über die Stiefel beschweren sollte, aber der erschöpfte Gesichtsausdruck des Geschäftsführers und seine Ermahnung, er müsse hinterher noch dableiben und Pakete packen, entmutigten ihn.

Ein letztes Mal ging er die Treppe hinauf, zog die Stiefel aus und schleuderte sie von sich, und beim Vorbereiten der Pakete tappte er mit bloßen Füßen auf dem kühlen Fußboden herum. Um sicherzugehen, daß er keinen Fehler machte, arrangierte er auf der einen Seite des Zimmers alles, was in die Pakete für die Mädchen gehörte: Puppen, Kaufläden, Abziehbilderbogen, Märchenbücher und Buntstifte; und auf der entgegengesetzten Seite des Zimmers die Spielsachen für die Jungens: Mensch-ärger-dich-nicht, Halma, Puste-Fußball, Soldaten, Cowboysachen und Holzpfeifen. Und während er das alles ordentlich einpackte und Trageschleifchen für die Kinderfinger knüpfte, beschloß er erneut, seiner Frau zu sagen, sie solle seine Kinder auch mal mitbringen, damit er ihnen speziell für sie gepackte Pakete überreichen konnte.

Als er das Warenhaus verließ, waren alle Stockwerke still und verlassen, die Verkaufstische mit Leinentüchern verhängt, und das kleine Haus sah, von einer einzigen Lichtquelle beleuchtet, seltsam echt aus. Eine Maus, die an etwas knabberte, das auf dem Fußboden lag, hastete durch eine Gasse zwischen den Ladentischen davon, und im Erdgeschoß fegten zwei laut tratschende Frauen den Staub auf.

Der Hausmeister ließ ihn durch einen Seiteneingang hinaus, und als er im Regen durch die von Laternen erleuchteten Straßen nach Hause ging, klappte er seinen Mantelkragen hoch und versuchte, so gut er konnte, den Pfützen auszuweichen. Ein finstrer Groll nahm sein Herz in Besitz, und er begann, die Dinge, die ihn ärgerten, aus den Winkeln seines Geists hervorzuzerren. Er fand, sie hätten ihm seinen Tee geben können, bevor er ging, oder sogar ein Stück Gebäck und ein Glas Milch, und er dachte an sein Zuhause und vielleicht an den schönen Tee, den seine Frau für ihn hatte, und an ein gutes Feuerchen im Kamin und die Kinder schon im Bett. Er ging schneller. Er kam an Jungens vorbei, die Fritten aus Zeitungspapier aßen, und warf einen verstohlenen Blick auf Joe Raffos Frittenbude und die Dampfwolke, die aus der offenen Tür in die kalte Luft wirbelte. Der Geruch machte ihn wütend. Er vergrub die Hände in den Manteltaschen und spielte mit einem Knopf, harten Krümelstückchen und einem klebrigen Bonbonpapier. Das Bonbonpapier holte er heraus und warf es auf die nasse Straße.

Er fühlte sich betrogen und war unzufrieden mit allem; und je mehr er an den Job dachte, desto mehr machte er seine Frau für all die Qualen verantwortlich, die er den ganzen Tag erlitten hatte. Sie konnte ihn einfach nicht in Frieden lassen – keine einzige Minute lang konnte sie ihn mal einen eigenen Gedanken fassen oder eine eigene Entscheidung treffen lassen. Immer mußte sie sich einmischen, in alles hineinplatzen, zu allem ihren Senf dazugeben. Er war ein verdammter Narr, daß er auf sie gehört und sich einen lächerlichen steifen Hut aufgesetzt hatte, um so einen elenden Job zu ergattern. Der Weihnachtsmann mit seinem immerwährenden Lächeln! Der würde auch weniger lächeln, wenn er mit Stiefeln herumlaufen müßte, die drei Nummern zu klein sind. Eigentlich suchten die einen jungen Burschen für den Job –, jemanden, der es gewohnt war, stundenlang an der Straßenecke zu stehen und zu messen, wie weit er übers Trottoir spucken konnte. Und dann auch noch die Leiter! Das war ja wohl das letzte! Rauf und runter, runter und rauf, wie ein Eichhörnchen im Käfig, anstatt daß sie einem einen Sessel gaben, damit man sitzen und wirklich aussehen konnte wie ein alter Mann. Wenn er nach Hause kam, wollte er seiner Frau Bescheid stoßen, was sie ihm da eingebrockt hatte. Das würde dann zum Ehekrach führen, und wenn das geschah, haute sie ihm tagelang das Essen auf den Tisch und drosch die Kinder windelweich. Er mußte es ihr aber sagen –; es hatte keinen Sinn, Höllenqualen zu leiden und die nicht mal zu erwähnen. Aber dann hätte sie mit an Sicherheit grenzender Wahrscheinlichkeit morgens den Mantel angezogen und den Hut aufgesetzt und wäre zum Geschäftsführer gegangen, um sich über die Stiefel zu beschweren, und dann hätte er den Job verloren, so mies und alles er auch war. Och, er sagte lieber nichts –; mit schlechter Laune kam man nirgends weit!

Er trat in eine Pfütze, um dem Schirm eines Mannes auszuweichen, und als er spürte, wie ihm das kalte Wasser ans Hosenbein spritzte, wallte sein Zorn wieder auf. Er würde ihr alles sagen. Er würde ihr rasch den Wind aus den Segeln nehmen, mit ihrem Eigenlob, weil sie den Hut vorgeschlagen hatte! Er würde ihr alles und jedes sagen.

Er eilte die Straße entlang, und an seiner Haustür klappte er den Mantelkragen herunter und schüttelte den Regen von seinem steifen Hut. Er lauschte kurz und hörte die Kinder lärmen. Er klopfte, und alle drei kamen polternd herangestürzt, um die Tür zu öffnen.

»Es ist Daddy«, riefen sie, aber er drängelte wortlos an ihnen vorbei.

Seine Frau wischte den Küchenfußboden, und als sie den Aufnehmer über dem Eimer auswrang und sich das Haar mit dem Handrücken zurückstrich, sah sie ihn mit strahlendem Lächeln an.

»Hast du alles richtig gemacht?«

»Warum sind die Kinder nicht im Bett?«

»Ich hatte nicht so früh mit dir gerechnet.«

»Glaubst wohl, ich bin Busschaffner!«

Sie bemerkte den harten Klang in seiner Stimme. Sie rieb die Seife auf den Schrubber, beeilte sich, mit ihrer Arbeit fertig zu werden, und zog mit dem Aufnehmer große Kreise und

Spiralen. Sie band sich die schmutzige Schürze ab, und während sie sich im Spülstein die Hände wusch und abtrocknete, warf sie ihm einen Blick zu, wie er auf dem Sofa saß, den Kopf in die Hände gestützt, und auf die Kinder, die warteten, daß er was sagte. »Es war der Hut«, sagte sie zu sich selbst. »Mit dem Hut konnte es ja nur klappen.«

»Jetzt aber marsch ins Bett«, und sie klatschte in die Hände, um die Kinder zu scheuchen.

»Aber du mußt uns doch noch im Eimer die Beine waschen.«

»Heute abend geht es auch mal ohne. Euer armer Vater hat nach einem harten Arbeitstag Hunger.« Und sie zog einem Kind den Pullover aus, hielt ihn noch in der Hand und stocherte mit der anderen Hand, in der sich ein Schüreisen befand, im Feuer unter dem Kessel. John starrte ins Feuer, und als er den Fuß hob, blieb auf den Fliesen ein feuchter Abdruck. Sie gab ihm ein Paar warme Socken von der Wäscheleine und ein Paar alte Pantoffeln, die sie für ihn aus Pappe und einem Stück Velours gemacht hatte.

»Ich habe für dich ein schönes Stück Steak zum Abendbrot«, sagte sie. »Ich stelle die Pfanne auf den Herd, sobald ich diese hier ins Bett verfrachtet habe.«

Er rieb sich die Füße und zog die warmen Socken an. Es war gut, daß sie das Steak nicht längst gebraten hatte, so daß es jetzt trocken wie ein Stock im Ofen lag. Wenn man es recht bedachte, hatte sie doch den einen oder anderen klaren Gedanken im Kopf.

Die Kinder begannen, in den Rauchfang zu rufen, was sie

vom Weihnachtsmann gebracht haben wollten, und als sie niederknieten, um ihre Gebete zu sprechen, mußten sie Gott dafür danken, daß Er ihrem Daddy einen guten Job beschert hatte. John lächelte zum ersten Mal, seit er ins Haus gekommen war, und er setzte sich die Jüngste aufs Knie. »Du kriegst eine Puppe und einen Kinderwagen zu Weihnachten«, sagte er, »und Johnny kriegt eine Holz-Eisenbahn mit echten Rädern, und Pat – was besorgen wir ihm?« Und er erinnerte sich, daß er Cowboysachen in eins der Pakete gepackt hatte. »Cowboysachen, Hut und Revolver.«

Seine Frau hatte die Pfanne aufs Feuer gestellt, und das Steak begann bereits zu brutzeln. »Laß bitte nichts anbrennen, ich bin gleich wieder da.«

Er hörte, wie sie die Kinder ins Bett brachte, und nach ein paar Minuten war sie wieder unten, mit frischer Bluse und sauberer Schürze.

Sie schenkte ihm Tee ein, und nachdem er ein paar Bissen gegessen hatte, begann er ihr von den vielen Bewerbern zu erzählen, und von dem einen Typen, der gerufen hatte: »Da können wir ja auch wieder nach Hause gehen«, als er ihn mit dem Hut gesehen hatte.

»Der war doch nur neidisch – das ist alles, was ihm gefehlt hat!« sagte sie. »Das und ordentlich was aufs Ohr.«

Er erzählte ihr vom Geschäftsführer, von der Glocke, den blauen und rosa Paketen, dem kleinen Haus und dem roten Mantel, den er tragen mußte. Dann hielt er inne, trank einen Schluck Tee, schnitt eine Scheibe Brot in drei Teile und aß langsam weiter.

»Gut, daß du meinen Rat befolgt hast und mit Hut hingegangen bist«, sagte sie strahlend. »Ich hab gewußt, wovon ich rede. Und du siehst so – so mannhaft damit aus.« Sie erinnerte sich an den feuchten Fleck auf dem Fußboden, nahm seine Schuhe vom Kamingitter und sah sich die kaputten Sohlen an. »Die sind hinüber«, sagte sie. »Das ist das Allererste, was am Ende der Woche von deinem Lohn angeschafft wird.«

Er erhob sich vom Tisch und setzte sich ans Feuer. Sie gab ihm seine fertig gestopfte Pfeife, und während sie den Abwasch machte, lauschte sie auf die kleinen Schmollmünder, die er beim Rauchen zog. Hin und wieder warf sie ihm einen Blick zu, sah den zufriedenen Ausdruck auf seinem Gesicht und den Dampf, der von seinen Schuhen am Kamingitter aufstieg.

Sie band sich die Schürze ab, richtete sich vor dem Spiegel das Haar und puderte sich das Gesicht. Sie schlich sich zu ihm, wie er so saß und ins Feuer starrte. Still entfernte sie die Pfeife von seinen Lippen und legte sie auf den Kaminsims. Sie lächelte ihn an, und er lächelte zurück, und als sie sich bückte, um ihn zu küssen, wußte er, daß er ihr jetzt nichts von den engen Stiefeln sagen würde.

Deutsch von Harry Rowohlt

GUNTER HANSEN & STEFFEN HAAS

Das Küken, die Maus und das Bier

* bayrisch für „Knecht Ruprecht"

JÜRGEN BRÖMMER

Die Drei-Phasen-Tab-Weihnacht

Die erste betriebliche Weihnachtsfeier traf mich noch einigermaßen unvorbereitet. Zu jener Zeit verdiente ich etwas Geld als Teilzeitlayouter und -setzer. In einem mickrigen Büro saßen Chef Markus und ich hinter unseren winzigen Macintosh-Computern und warteten darauf, daß jemand neue Visitenkarten brauchte oder seine Verwandtschaft im großen Stil zur Goldenen Hochzeit einladen wollte. Einmal im Monat produzierten wir auch ein haarsträubendes Magazin für Fußballhooligans. An einem düsteren Dezembernachmittag meinte Markus, er wolle mich jetzt noch gerne zum Essen einladen. Das in der Nähe gelegene solide Mittelklasserestaurant hatte leider geschlossen und so landeten wir beim Türken. Nachdem jeder seinen Merhaba-Spieß verzehrt hatte, schob mir Markus einen Umschlag mit fünfzig Mark über den Tisch und wünschte mir schöne Weihnachten. Wenige Wochen später verschwand er aus der Stadt, und ich mußte mir einen neuen Job suchen.

Mittlerweile bin ich geübter Gast bei Firmen-Weihnachtsfeiern. Das Ertragen und Überleben solcher Veranstaltungen habe ich von der Pike auf gelernt. In einer Lagerhalle feierte ich mit einem alternativen Umzugsunternehmen bei mitgebrachten Salaten und französischem Landwein. Auf Kosten eines Kleinbetriebs verzehrte ich im Hinterzimmer einer rustikalen Gaststätte einen zähen Gänsebraten, und als Gast einer Unternehmensberatung lernte ich das erste Themen-Weihnachten kennen: *»Christmas in the Sixties«* fand in einem Partyzentrum statt, einer Art übergeschnappten Kegelbahn. Die Tanzkapelle trat mit Afroperücken auf und spielte »Sugar, Sugar« von den Archies sowie ein Medley aus dem Musical *Hair*.

Seit einiger Zeit arbeite ich nun in Amsterdam für das internationale Hauptquartier einer weltumspannenden Waschmittelfirma. Deren Chief Enterprise Officer Bart Dijkstra hat uns auch in diesem Dezember wieder zu einem Abend »der Besinnung und des Ausblicks auf ein neues, erfolgreiches Geschäftsjahr« eingeladen. Und weil in den vergangenen zwölf Monaten eine Menge Waschpulver verkauft wurde, hat man für das Weihnachtsfest das Schlößchen »Valkenhorst« im Umland von Amsterdam angemietet.

Zu meinen Erfahrungen mit derlei Veranstaltungen zählt unter anderem, daß man nicht zu denen gehören sollte, die einem solchen Ereignis erkennbar entgegenfiebern. Es gibt ja in der Tat Menschen, die gerne einen Abend im Kreise der Kollegen verbringen. Die mit leuchtenden Augen Mutmaßungen über den Mietpreis des Schlößchens »Valkenhorst« anstellen, und vorab die Qualität des Menüs und der musikalischen Darbietungen erwägen. Derart übertriebene Anteilnahme wirft allerdings ein ungünstiges Licht auf die privaten Umstände dieser Mitarbeiter und läßt bei einer aufmerksamen Personalabteilung Mißtrauen keimen, denn ein unausgefülltes Privatleben deutet schließlich auf mangelnde soziale Kompetenz hin. Wer in Frieden seiner Arbeit nachgehen möchte, vermeidet es besser, die Aufmerksamkeit der Personalleute auf sich zu ziehen, die im internationalen Konzern ganz richtig »Human Resources« heißen.

Vor dem Bürohochhaus wartet ein Bus, der die Belegschaft zur Feier befördern soll. Die wenigen Leute, die pünktlich zur verabredeten Zeit eingetroffen sind, sitzen einzeln im Bus verteilt und warten gespannt, wer sich zu ihnen gesellen möge. Die Damen aus der Personalabteilung koordinieren den

Transport und beginnen, säumige Mitreisende mit ihren Handys herbeizutelefonieren. Obwohl ich in meinem Büro routiniert den mahnenden Anruf abgewartet habe, gehöre ich doch schon zum zweiten Schwung, der den Bus bevölkert. Ich nehme den Platz neben Harry aus dem Controlling. Hätte man im betrieblichen Miteinander zwischen Tätern und Opfern zu unterscheiden, gehörte Harry zweifellos zu den Opfern. Wenn auch vielleicht nicht aus eigener Anschauung. Gewiß versieht Harry seinen Dienst, der im Wesentlichen im Aneinanderreihen und Interpretieren von Zahlenkolonnen besteht, mit der nötigen Sorgfalt. *»Harry knows his numbers«*, weiß Manfred, unser Chief Financial Officer, und das könnte immerhin der Ausgangspunkt einer aufreibenden internationalen Karriere sein. Allein, Harry ist von kleinem Wuchs. Mit einem Meter und 65 Zentimetern nicht gerade ein Zwerg, doch immer noch weit entfernt von einer Statur, mit der sich Durchsetzungsvermögen und Entschlußkraft anzeigen ließen. Ein ungünstiges Schicksal hat Harry auch noch einen verhältnismäßig dicken Schädel auf den kleinen Leib gesetzt. Jähe Launen und oftmals unkontrollierter Wortfluss machen Harry zu einem Bürotroll erster Ordnung.

Als komische Figur hat man es auch bei den Damen nicht unbedingt leicht. Dabei ist Harry ein großer Freund der Frauen. Für die Weihnachtsfeier hat er sich nicht nur vorschriftsmäßig mit dunklem Anzug und Weste fein gemacht, sondern sich mit einer albernen Nikolauszipfelmütze wieder einmal eine fatale persönliche Note gegeben. Er begrüßt mich mit freundlich

gebrummtem »Hohoho«. Während ich noch überlege, Harry darauf hinzuweisen, daß man heutzutage als Original keine Punkte mehr machen kann, hat der Fahrer für uns Wartende das Radio eingestellt. Die Moderatorin eines Ratespiels erklärt, daß sie in der heutigen Weihnachtssendung Kandidaten habe, welche das Leben in der letzten Zeit nicht nur von seinen besten Seiten kennengelernt hätten. So könne der erste Anrufer zur Zeit seiner Arbeit nicht nachgehen, da es ihm nicht so gut gehe. Während Harry neben mir das beschlagene Busfenster mit einem Tempotaschentuch freiwischt, kommt die Radiosprecherin ins Gespräch mit ihrem Kandidaten.

Sprecherin: »Guten Abend, Menheer van Eersel, sind Sie denn schon in Festtagsstimmung?«

Menheer van Eersel: »Naja, es sind ja noch ein paar Tage.«

Sprecherin: »Und wie geht es Ihnen denn heute?«

Menheer van Eersel (verzagt): »Nicht so gut.«

Sprecherin (aufmunternd): »Nicht so gut, Menheer? Was fehlt Ihnen denn?«

Menheer van Eersel (vorwurfsvoll): »Meine Brille ist kaputt.«

Harry bleibt die kleine Tragik dieser Unterhaltung verborgen, denn er hat durch seinen Ausguck etwas Wichtiges erspäht. »Bu-Bu-Buchhaltung«, zischt er und hält sich mit beiden Händen am Vordersitz fest. Tatsächlich entert nun ein Trupp wilder Weiber den Bus. Angeführt von der Aushilfsbuchhalterin Miranda drängen mehrere seidig bis glittrig gekleidete Damen zu den hinteren Sitzreihen, wo sie sich in aufgeräumter Stimmung auf die Sitze schwingen. Miranda ist mit einer unübersehbaren Oberweite gesegnet, die ihr zum eigenen Wohlgefallen den Ehrentitel »Big Boobs« eingebracht hat. An zwei Abenden in der Woche gibt sie Aerobic-Stunden, aber auch im Büro zeigt sie den Kolleginnen gern die neuesten Übungen. Weshalb sie übrigens schon bei Human Resources vorsprechen mußte, die zu zurückhaltenderem Betragen während der Bürozeiten mahnten.

Der Bus füllt sich nun zügig, Bart und Manfred seien noch mit Wichtigem beschäftigt, und würden uns später mit dem Taxi folgen, verkündet Judith aus der Personalabteilung über das Bordmikrophon. Human Resources ist eben nicht nur für die Zu- und Abfuhr von Angestellten gemäß der Geschäftslage zuständig, sondern auch für die Planung und den Verlauf unserer Weihnachtsfeier. Eine ernste Bewährungsprobe, gilt es doch, an diesem Abend etwas für den Zusammenhalt der Mannschaft zu tun und uns den Zumutungen des folgenden Jahres geneigt zu machen.

Im Schlößchen »Valkenhorst« müssen wir uns dann erst

einmal im Foyer versammeln und werden mit einem Gläschen Sekt ausgestattet. Der bestellte Fotograf treibt uns zu einem Gruppenbild vor einem monströsen Weihnachtsbaum zusammen. Er wird den ganzen Abend dokumentieren, später können wir uns dann Abzüge machen lassen zur Erinnerung an die schöne Feier. Judith hat sich ausgedacht, daß wir vor Betreten des Saales Tischnummern ziehen und somit die Tischgesellschaften zufällig zusammengewürfelt werden. Harry, der sich beim Fotografieren vor das vergnügte Grüppchen aus der Finanzabteilung geschoben hatte, sieht sich um die Früchte seines Strebens gebracht, aber auch ich habe Grund, mein Los zu verfluchen. Mein Tisch liegt zwar schön am Rande des Geschehens, abseits von Bühne und Tanzfläche, doch mich erwartet eine Runde ausgesuchten Stumpfsinns. Maarten, Leiter der Rechtsabteilung, wäre schon allein vollkommen zur Gestaltung eines trostlosen Abends imstande. Im Büro vermeide ich es, dieser dürren Gestalt mit den sauber ausgeschorenen Ohren und der randlosen Brille zu begegnen. Selbst einfache Fragen haben umständliche Ansprachen zur Folge, die in beleidigtem Ton und mit seniler Stimme vorgetragen werden. Das grausame Los hat gleich zwei Anwälte aus der Rechtsabteilung an Maartens Tisch verwiesen. Enttäuscht und ein bißchen verängstigt sitzen sie nun an Maartens Seite, und wer ihnen genau in die Augen schaut, vermag den glimmenden Hass auf Human Resources zu erkennen. Das rechtskundige Häuflein wird verstärkt durch Hans de Best vom Internal Audit, der internen Betriebsprüfung. Die einzige Frau an unserem Tisch ist Annegriet, ein verhuschtes Wesen, das halbtags bei den Steuern aushilft. Man weiß, daß sie in ihrer Freizeit Rollenspiele betreibt.

Während man sich an den anderen Tischen schon redlich zu amüsieren beginnt, ist unser Tisch für einige Zeit mit dem Studium der auf festem Karton gedruckten Menükarten beschäftigt. Hans teilt uns mit, daß er schon einmal im »Valkenhorst« gepeist habe und das Essen hier *»great«* sei. Maarten krächzt *»Yes, this looks great«*, und die Rechtsanwälte nicken.

Nur zwei Ewigkeiten später wird auch schon die erste Vorspeise serviert. Es handelt sich um Linsen, die mittels einer säuerlichen Geleemasse in die Form eines Eishockeypucks gepreßt wurden. Dazu der unvermeidliche Rucola-Salat und quer über den Teller gekleckerter Aceto Balsamico. Das Essen wird uns also nicht allzulange von der Konversation abhalten, soviel steht fest. Hans schiebt seine Brille auf die Stirn und mustert die Flasche Weißwein, die man uns zum Linsenpuck serviert hat. »Dieser Wein«, ruft er aufgebracht, »kostet mich bei Albert Heijn über 16 Euro.« Die Rechtsabteilung grunzt einhellig, und wir alle heben unsere Gläser zu einem ersten Toast. Am Nebentisch vermerkt Judith zufrieden unsere abteilungsübergreifende Harmonie.

Zwischen den Gängen hat man Gelegenheit, die Tischdekoration einer näheren Prüfung zu unterziehen. Neben den üblichen Tannenzweigen und Kerzen befindet sich noch allerlei Schnickschnack auf dem Tisch. Papierschlangen und Papphütchen sollen uns in die nötige Festlaune versetzen. Dazu hat man uns kleine Einmal-Kameras hingelegt, mit denen wir lustige Schnappschüsse anfertigen können. Maarten schmückt sich mit einem goldenen Papierkrönchen, und einer der Rechtsanwälte drückt auf den Auslöser. An unserem Tisch ist das vermutlich der ausgelassenste Moment des Abends.

Die Festtafel wird mit Kaffee, Schnäpsen und Pralinen beschlossen. Genau besehen handelt es sich dabei um Marzipan, dem geschickte Konditoren die Form unseres neuen Produktes, des Drei-Phasen-Tabs, gegeben haben. Der Drei-Phasen-Tab wird in die Geschirrspülmaschine gegeben und entwickelt dort seine reinigende Wirkung in drei Phasen. Die drei Phasen erkennt man an einer blauen und einer weißen Lage sowie einem eingedrückten rosa Kügelchen. Der Drei-Phasen-Tab eignet sich hervorragend zur Nachbildung in Marzipan und löst übrigens den sehr erfolgreichen Zwei-Phasen-Tab ab.

Nach dem Essen entledigen sich die Herren ihrer Jacketts, und die feste Tischordnung wird aufgehoben. Wer will, darf sich eine dicke Zigarre anzünden. Es findet sich ein Tisch zusammen, wo neben den erfahrenen Zigarrenliebhabern und Vizepräsidenten auch energische junge Männer hinstreben, die ihren Weg noch vor sich haben. Bas, die Aushilfe aus der

EDV-Abteilung, läßt sich von Manfred eine Havanna anzünden. Der klopft ihm dabei auf die Schulter, und alle lachen gutmütig, damit auch jedem klar wird, daß Bas in diesem Kreis nun wirklich nichts zu suchen hat. Unterdessen ist Bart ans Mikrophon getreten. Der Chief Enterprise Officer wird für uns das zurückliegende Jahr in einer kurzen persönlichen Ansprache zusammenfassen. *»Basically«* ist Barts Lieblingswort, und *basically* unterscheidet sich seine Rede kaum von denen der vorhergehenden Jahre. Am leidenschaftlichsten wird Bart, wenn es um den Marktanteil unserer Produkte in fernen Ländern geht. »In Rumänien haben wir es mit dem Drei-Phasen-Tab an der Konkurrenz vorbei schon bis auf Platz Zwei geschafft! Vom nächsten Jahr erwarte ich nichts weniger als die Nummer Eins!« Man sieht die Leute aus der Personalabteilung respektvoll nicken – das ist eben Leadership, wie es im Buche steht, das Lob allzeit mit Ansporn zu verknüpfen versteht. Auch anderswo im Publikum entsteht Bewegung. Jirzy, als Controller zuständig für die osteuropäische Zahlenkolonnen, verbucht den Erfolg souverän für sich, wie er mit hoch gerecktem Daumen anzeigt. Nur unwesentlich größer als Harry, gilt Jirzy, der Pole, in unserer Firma jedoch als Womanizer.

Stellvertretend für die aufopferungsvolle Arbeit aller dankt Bart zum Abschluß seiner Rede wie jedes Jahr seinen beiden Sekretärinnen. Bart beteuert, die hätten es gewiß nicht immer leicht mit ihm, aber doch wieder einen »wunderbaren Job« getan. Er holt die beiden zu sich, die bescheiden das Lob abwehren und sich Tränen der Rührung aus den Augenwinkeln tupfen. Es ist dies ein Moment ungeteilter Bitternis für die restliche Belegschaft. Wir alle – und insbesondere die Damen unter uns – sind uns einig über die Inkompetenz und das unerträglich anmaßende Wesen dieser beiden Schnepfen.

Es gehört zur sinnreichen Choreographie des Abends, daß man sich nun die hinter uns liegenden Enttäuschungen und Demütigungen vom Leib tanzen kann, denn noch während Bart mit seinen Assistentinnen abgeht, beginnt die gemietete Band mit dem Abspulen von Tanzhits der letzten hundert Jahre. Die Tanzfläche füllt sich in Sekunden, und nur mein Tisch scheint wieder das Zentrum irdischer Gravitation zu sein und entläßt keinen. Immerhin können wir nun stumm das Geschehen auf dem Tanzboden verfolgen. Selbst hartgesottene afrikanische Anthropophagen müßten sich wundern über die wütende Entschlossenheit, die das Bürovölkchen hier an den Tag legt. Obwohl, oder vielleicht weil sie täglich einer sitzenden Tätigkeit nachgehen, kommt es beim Tanze zu allerhand sportlichen Einlagen. Gleich dem Treibgut auf einem unberechenbaren Wellenkamm schwimmt Harry zwischen all der verwirrenden Weiblichkeit. Jirzy umkreist Big Boobs wie einen Totempfahl und Bart betanzt steif die seligen Assistentinnen.

Um ein Uhr nachts ist der Spuk plötzlich vorbei. Wir werden genötigt, möglichst schnell den Saal zu verlassen und den bereitstehenden Bus zu besteigen. Im Hinausgehen überreicht man noch jedem eine Plastiktüte mit Waschmitteln als kleines Weihnachtspräsent. Zuoberst liegt natürlich der neue Drei-Phasen-Tab.

Erschöpft taumle ich ins Innere des Busses und lasse mich auf eine der noch leeren Bänke fallen. Mein Kopf lehnt erschöpft am vibrierenden Fenster des Gefährts. Es ist einigermaßen schweigsam nun, alle sind erleichtert, daß der Abend irgendwie ein Ende gefunden hat. Nur eine kleine Gruppe Unentwegter hat sich auf der breiten Rückbank des Busses zusammengefunden, und Jirzy kündigt an, man werde in Privatwagen vom Büro aus in eine Diskothek weiterziehen, die »Nacht sei noch jung«, und dergleichen Unsinn mehr.

Auch Jirzy hat nicht mit Judith gerechnet. »Für die Rückfahrt haben wir uns noch ein Weihnachtsspiel ausgedacht. Jeder hat ja irgend etwas in seinem Leben, von dem die anderen noch nichts wissen. Wir denken, es ist eine schöne Idee, wenn wir uns zum Abschluß unserer Weihnachtsfeier mit solchen Geheimnissen beschenken«, strahlt Judith. »Den Anfang macht Rogier.« Rogier gehört zur Personalabteilung und die ganze Sache ist selbstverständlich mit ihm abgesprochen. Wie ein Zombie beginnt er seine armselige Geschichte abzuspulen. In seiner Jugend habe er an Gocart-Rennen teilgenommen und es bis hin zu Regionalmeisterschaften gebracht und mit dem Gedanken gespielt, ein professioneller Rennfahrer zu werden. Der Rest der Mannschaft schweigt matt und kramt verzweifelt nach vorzeigbaren Geheimnissen.

Der nächste ist Maarten. Er räuspert sich und spricht leise: »Ich bin nebenbei auch Fotograf. Ich habe eine professionelle Ausrüstung und entwickle sogar selbst.« – »Wow«, kommentiert man ironisch von der Rückbank, und im Dunkel des Busses kichern wir anderen zustimmend. Die Reihe kommt nun an Rüdiger. Rüdiger ist aus dem Stuttgarter Raum und verhältnismäßig neu in der Firma. Er ist jung, ambitioniert und ein bißchen schwach im Kopf. Offensichtlich hat er über sein Geschenk an uns schon einige Minuten nachgedacht und kräht nicht unkeck: »Ich war schon neunzehn, als ich das erste Mal Sex hatte.«

»Haha«, freut es sich von allen Seiten. Geschickt bedient Jirzy die nun aufgekratzte Stimmung und höhnt: »Mit dir selbst.« Mittlerweile haben wir die Stadtgrenze erreicht und der Verkehr wird trotz der vorgerückten Stunde wieder dichter. Der Busfahrer hupt wütend, denn von links hat ihm ein mit feixenden Marokkanern besetzter Kleinwagen die Vorfahrt genommen. Die dunkelhäutigen Verkehrsraudis zeigen uns Businsassen den Mittelfinger. Beim schnellen Bremsen hat der Fahrer den Motor seines Fahrzeugs abgewürgt. Im Bus riecht es penetrant nach Waschmittel. Und vor ungefähr zweitausend Jahren wurde uns in einem Stall zu Bethlehem der Erlöser geboren.

Zeichnungen von F. W. Bernstein

HILKE RADDATZ

Meine ersten Fest-Tage

1.

2.

DIE KONTROLLE ERWISCHTE MICH NOCH VOR WEIH-NACHTEN:
"HAST DU SIE ENDLICH?"
3.
UND ES WAR KLAR, WAS ICH SAGEN WÜRDE:
"SIE HAB ICH SCHON LANGE – WAS DAGEGEN?
4.

"UND WIESO SITZT DU NIE AUF DEM PFERD?"
"DAS HAB ICH GANICH NÖTICH!"

5.

"OH GOTT! DIE NIMMT JETZT SCHON o.b. DIE WIRD SICH NIE FÜR DEN MANN BEWAHREN KÖNNEN!"

6.

WAS SCHERTE MICH DIESE PROPHEZEIHUNG, HEILIGABEND STAND MIT SEINEN FREUDEN VOR DER TÜR UND ICH WOLLTE WIE IMMER IN NEUER GARNITUR ERSCHEINEN.
7.

ABER AUS HEITEREM HIMMEL WAR SIE SOFORT VERSAUT. NACH DIESER BESCHERUNG GESTAND ICH MUTTI, DASS ICH NICHTS DAFÜR KONNTE.
"DU BLÖDE GANS DIE BEKOMMST DU JETZT JEDEN MONAT!"
8.

SO KAM ES, DASS MARIA ZUM TAUSENDNEUNHUNDERT-VIERUNDFÜNFZIGSTEN MAL IHREN JESUS BEKAM

9.

UND ICH MEINE ERSTE DAMENBINDE.

10.

DANACH FOLGTEN JESUS ZWÖLF KUMPELS UND MIR JEDEN MONAT ZEHN.
"TOLL! HEUTE KOMMEN WIR AUFS PFERD!"

11.

GENAU - SO KAM ES DASS ICH AUFS PFERD MUSSTE UND MICH ENDLICH DEM MANNE BEWAHREN KONNTE. "DANKE - CAMELIA"
"DA WACKELT NE BRUST!"

12.

OTTO JÄGERSBERG

Weiße Weihnacht und die Frau, die alles tragen konnte

Irgendwann wurden die Versicherungsprämien für Weiße Weihnachten so teuer, daß es sich lohnte, eine Schneeberieselungsanlage anzuschaffen. Weil wir in dem letzten Jahrzehnt keinmal Weiße Weihnachten hatten, war die ganze Anlage nahezu durch die Entschädigungszahlungen finanziert. Ich schau heute nicht mal mehr zum Thermometer, wenn ich Heilig Abend die Anlage einschalte. Unser Schnee rieselt bei jedem Wetter. Die Kinder liegen im Fenster, haben sich Pelzmützen aufgesetzt und freuen sich. Allerdings nicht lange. Wenn im Weihnachtsprogramm die alten Schneefilme kommen, sind die Kinder schnell weg vom Fenster. Unsere Schneekanone kann eben nicht mit den Filmstudios konkurrieren. Trotzdem, verzichten will keiner auf den Zirkus. Schnee zu Weihnachten muß sein, wie das Amen in der Kirche. Es geht ja gar nicht so sehr um den Schnee, denke ich. Schnee ist ein Symbol, ein Symbol für den Sand in der Wüste, durch den die Heiligen Drei Könige ritten, Schnee mahnt an die Vergänglichkeit des Lebens, Schnee ... Als ich ein Kind war, mein Gott, wie habe ich den Schnee zu Weihnachten herbeigebetet ...

Unseren Frauen war die Mode nie recht, ihre Vorschriften paßten ihnen nicht, ihre Formen diktierten ihnen nur Fehler an den Leib, und überhaupt waren ihre Leiber nicht für die Mode geschnitten. Monika hatte ein Kinn wie Onkel Johannes, Doris schlug ganz nach der Bottroper Linie – und das hieß Oberschenkel und Hintern sozusagen in einem Streich –, über Margas Busen wurde nur andeutungsweise gesprochen, es hieß nur, Margas Busen geht unter, Blusen schienen nur dazu gemacht, damit Margas Busen sich darin verlor. Die Männer in meiner Familie gewöhnten sich die Sicht der Frauen an, sie sprachen von Schrittschieflage, Wulstbildung, stirnfliehender Hutlage und dergleichen, wie die Viehhändler. Die Viehhändler sah man auf den Auktionen mit ihren Bewertungsbögen von Kuh zu Kuh gehen und die Beinhaltung, die Kruppe, das Auge und so weiter mit Minuspunkten versehen. Genauso machten es mein älterer Bruder und mein Vater, sie saßen in den Sesseln im Wohnzimmer, wenn sich unsere Damen vor großen Ausgängen herausgeputzt hatten, und kreuzten die Fehler an.

In der Nachbarschaft, in der Villa Monbijou, gab es eine Frau, die diese Sorgen nicht hatte. Es war »die Frau, die alles tragen konnte«. Der Frau von Monbijou stand einfach alles, sie sah immer picobello aus, schön, modisch, elegant. Bei ihr hatte Gott den Lehm, aus dem er sonst die Menschen knetete, beiseite gelegt und anderes Material genommen. Ein Meisterwerk. Und eine Haut darübergezogen – Maßarbeit! Wenn die Frau aus der Villa Monbijou die Straße betrat, liefen alle ans Fenster, solange sie zu sehen war, die Münder vor Staunen offen, dann sagte meine Mutter, oder Doris, oder Marga, oder

Monika: »Die kann einfach alles tragen.« Der Vater und mein Bruder sagten nichts, nur strich sich manchmal einer mit der Zunge über die Lippen. Den Mann der Frau von Monbijou sah man nie. Es hieß, er sei an den Rollstuhl gefesselt, sehr reich, in seiner alten Heimat hätten ihm sagenhafte Ländereien mit Zuckerrüben gehört, deswegen hieß er bei meinen Schwestern der »Zuckerbaron«, und mein Bruder nannte die Frau von Monbijou auch die »Zuckerpuppe«, mein Vater sprach nur von »landlosen Ostpreußen«.

Um den Nikolaustag herum begann ich meine Gebete nicht mehr direkt an Gott zu richten, sondern gleich ans Christkind. Ich teilte dem Christkind mit, daß ich durchaus auf die Geschenke meiner Schwestern Monika, Marga und Doris zu verzichten bereit sei, wenn es nur schneien würde. Aber ich bekam zu jeden Weihnachten den selbstgestrickten Schal von Monika, die gehäkelte Mütze von Marga und den geschneiderten Schulkittel von Doris, das heißt, es schneite nie.

Bis auf einmal, einmal hatte es doch geschneit. Ich war acht oder neun Jahre alt. Es wurde Heilig Abend, und noch war kein Schnee gefallen. Schnee, Schnee, wo bleibst du? Warum wurden meine Gebete nicht erhört? »Es liegt am Golfstrom«, sagte mein Vater, und meine Schwestern schenkten wieder Schal, Mütze und Kittel. In der Nacht weckte mich mein Bruder, tat sehr geheimnisvoll, nahm mich an die Hand und führte mich auf den Dachboden. Durch eine Luke konnten wir die erleuchtete Villa Monbijou sehen. Auf der Terrasse lag – Schnee. Seine Kristalle funkelten im Licht. Die ganze Terrasse war voller Schnee.

»Schnee!« rief ich freudig.

»Du Idiot«, sagte mein Bruder, »das ist Zucker.«

»Zucker?«

»Haben sie eben hingekippt, einen Lastwagen voll.« Wer, das Christkind? Hatte die Frau von Monbijou, genau wie ich, um Schnee gebetet, und das Christkind hatte sie erhört, und jetzt war ein Fehler passiert?

»Wer hat den Zucker gebracht?« fragte ich.

»Nordzucker«, sagte mein Bruder. Ich konnte es nicht glauben: »Ein LKW von Nordzucker?«

»Halt's Maul«, sagte mein Bruder, »es geht los!« Im Zimmer hinter der Terrasse gingen die Lichter aus und Kerzenschein flammte auf. Nach einer Weile wurde die Terrassentür geöffnet und heraus trat die Frau, »die alles tragen konnte«, vollständig nackt. Hinter ihr war der alte Baron im Rollstuhl zu sehen, er trug einen Kranz aus Tannenzweigen, der mit vielen Kerzen besteckt war. In ihrem Schein machte die Frau von Monbijou einige Tanzschritte, und hin und wieder bückte sie sich, grub mit beiden Händen in dem Zucker und warf ihn in die Luft, daß er über sie zurückrieselte. Dann ließ sie sich fallen und wälzte sich im Zucker, hin und her. Der alte Baron saß unbeweglich in seinem Rollstuhl, den Tannenkranz mit den brennenden Kerzen auf dem Kopf. Ich verstand das alles nicht und begann mich zu fürchten und wollte wieder in mein Zimmer, aber mein Bruder hielt mich am Arm fest. »Gleich kommt's«, flüsterte er aufgeregt und seine Augen starrten gierig. Die Frau, die alles tragen konnte, stand jetzt auf und ging ganz langsam auf den alten Baron zu. Ihr Körper war über und über von einer Zuckerschicht umhüllt. Sie nahm dem alten Baron den Kranz vom Kopf und stellte ihn auf den Boden. Dann setzte sie sich ihm auf den Schoß und so blieb sie, lange, lange Zeit. Mein Bruder seufzte und sagte: »Jetzt schleckt er sie ab.«

Ich ging zum Schalter und machte die Schneeberieselungsanlage aus. Meine Frau und die Kinder sahen Oliver Twist beim Schneeschaufeln zu, oder war es Micky Mouse? Jedes Jahr die gleichen Filme, dieselben Erinnerungen. Ich ging in die Küche, ich hatte plötzlich Lust, ich suchte Zucker…

LINDA VERHAELEN
Wunschzettel an einen Weihnachtsmann

Ich wünsche mir

Abenteuerliche Geborgenheit
Romantischen Sex
Fürsorgliche Dramatik
Freundschaftliche Leidenschaft
Durchschnittliche Faszination
Sehnsüchtige Erfüllung
Geheimnisvolles Vertrauen
Befreiende Eifersucht
Ordinäre Liebe
Fröhliches Ableben
Und wenn du das alles nicht schaffst,
dann wenigstens einen Fick,
bei dem die Mütze fliegen geht.

Grias Euch! J bin's.
Awe Effinger
Awe Effinger erzählt:
Ein Aushilfsnikolo vom Lande
Grias Euch, Leutl! J bin's, der Awe. Mein heutiges Gschichterl führt uns auf an kloana Berghof im hinter'n Klemmtal.
Mach's guat, Bua!
Pfiat' Euch! Als ganz ein G'scheiter komm i wieda!
Ein junger Mensch macht sich auf'n Weg in'd Stod. Fort von seine Tant'n, dene er bis dahin am Hof g'holf'n hat. Auf die Universität zieht's ihn. Ein G'studierter wui er wer'n. Na, von mir aus.

Des Leben in der Stod is' teuer. Bald muss unser junger Mann seine Brill'n versetzen.
Ein Job als Aushilfs-Nikolaus soll ihn überwasser halten.
Aber so ganz ohne Brillenglas'l...
Kommt bald der Nikolo?
WAISENHAUS
... geht leicht was schief.
Kommt bald Kundschaft?
Domina Regina
Gnä' Frau, ich glaub', ich bin hier falsch.
Du bist hier schon richtig.

Schauen wir doch mal, was da in deinem Sack ist ... und wehe, es ist etwas Ungezogenes...
Vorsicht, da genga doch die Lebkuchen kaputt...
Aha.
Von drauss' vom Walde komm ich her...
... hier unter'm Arsch gefällt's mir sehr.
Ho Ho Ho
Wen wundert's, wenn unser Held sich wieder z'rucksehnt... ... heim auf'n Hof...

Die Tant'n ham erst ned schlecht g'staunt über die neuen Marotten von ihr'm verhinderten Akademiker. Aber sie ha'm sich dann doch bald d'ran g'wöhnt.
Mei, Josef fa, so ganz g'scheid g'word'n ist er ja eigentlich ned auf dera Universität.
Da host recht, aber... Hauptsach' g'sund! Die Säu füttern kann ma auch ohne an Doktor-huat.
So! Und jetzt wisst's Ihr auch, wieso dass die Gegend hier so heisst... im hinter'n Klemmtal.
Bis zum nächst'n mal, Euer Awe!

KARLA SCHNEIDER

Cumberlandsauce

Zu spät, schon wieder zu spät! Er warf sich gegen die schwere Glastür des Windfangs, keuchend. In der Scheibe der inneren Tür sah er für einen Moment jene Erscheinung widergespiegelt, mit der er gleich vor die Teilnehmer seines neuen Kurses treten würde: einen eher kleinen Mann mit dem Gebaren eines gesträubten Sperlings, der sich bis zur letzten Sekunde an der Zankerei um ein weggeworfenes Eishörnchen beteiligt hat.

Auf dem Estrich der Eingangshalle tauten Schneewürstchenmosaike. Wo zum Henker war Raum 38? Daß die ihn aber auch jedes Mal anderswo einquartierten! Hinter den meisten Türen wurde bereits gearbeitet. Hier polkte Musik, dazu Klacken und Ploppern wie von Zündplättchen – der Seniorenstepptanz. Ein paar Türen weiter wurde gesägt und genagelt, das mußte »Holzspielzeug« sein, die bastelten schon seit März an ihren Weihnachtskrippen. Alle hatten sie ihre festen Domizile, die alten Gingers, die Säger, der Dichternachwuchs, der »Umgang mit Aktien« und »Berühmte Gerichte«. Nur er nicht. Das war schon fast Schikane.

Bis in den zweiten Stock mußte er dieses Mal. Er hatte schon Teilnehmer erlebt, die verlangten, daß die Zeit angehängt werde, sie hätten schließlich für eine volle Stunde bezahlt. Zweiter Stock, das bedeutete noch mehr Aufenthalt, denn der zweite Stock war das Fegefeuer. War das Wasserloch des armen Tantalus inklusive trickreicher Dattelpalmen und Granatapfelbäume. Im zweiten Stock lag die saalgroße Musterküche, wo die »Berühmten Gerichte« ihre Heimstatt hatten. Und als dieser Säle Gott und Luzifer waltete Klemens. Seit jeher und unwiderruflich.

Während seine Eleven drinnen ablöschten, blanchierten, legierten, karamellisierten, Balsamico einträufelten, vertrat sich Klemens auf dem Korridor die Beine, rauchte eine oder zwei. Mit angeberischer Kochmütze und Pepitahose, mit schlaksigen Hüften und straff gewickelter Schürze, mit Plastron und Zigarillo.

Man konnte kommen, wann man wollte, Klemens erweckte beständig den Eindruck des Nichtstuns im aus reinem Jux übergeworfenen Kochkostüm. Unbegreiflich, wie er bei so offen zur Schau getragenem Desinteresse dennoch einen solchen Zulauf hatte, von seinen Kochschülern angebetet wurde, bedient wurde, niemals wegen seiner permanenten Rauchpausen angeschwärzt wurde. Im Gegenteil – bei Klemens mußten regelmäßig Teilnehmer abgewiesen werden. Man sollte den Leuten wirklich mal die Augen öffnen darüber, was ihnen von Rechts wegen zustand. Nämlich die volle Aufmerksamkeit und permanente Anwesenheit ihres Kursleiters.

Natürlich lief er Klemens in die Arme, der, umwabert von Duftorgien aus seinem Himmelsjahrmarkt, wieder mal auf dem Gang lungerte. Lümmelte, faulenzte, Zigarillo zwischen langen ruhigen Fingern. Der auf seine Anwesenheitspflicht in der Küche pfiff, selbst heute, beim letzten Kurs vor Weihnachten, wo doch – das war Tradition – das alljährlich von Klemens selbst komponierte Feiertagsmenü gekocht wurde. Das dann jeder zum entsprechenden Datum bei sich zu Hause würde nachkreieren dürfen.

Klemens hielt ihm eins seiner langen Beine als Barriere in den Weg. »Na, wonach riecht's? Wenn du's rätst, darfst du dir nachher eins von den *Pigeons* abholen.«

»Ich suche Raum 38«, antwortete er würdevoll, ohne auf das Scherzchen einzugehen. Aber Würde war an Klemens verschwendet. Infantile Existenzen liebten ihre infantilen Spielchen.

»Komm schon, los! Was gibt's bei uns als Hauptgericht?« Klemens lockte im falschen Ton großer Brüder. Er stieß sich mit dem Hintern vom Fensterbrett ab, brüllte in den Schlitz der Schwingtür einen Befehl zum Wenden der *Pigeons Royale* und sah den wider Willen Stehengebliebenen lauernd an. »Was ist nun – kannst du's raten? Oder schaffst du's nicht?«

Man mußte ihn einfach in seine Schranken verweisen.

So blieb er denn stehen; mochte noch mehr Zeit verstreichen, wenn Klemens sie sich nahm, stand ihm das gleiche Recht zu. Schnuppernd: »Jedenfalls riecht es nicht nur nach Täubchen, so viel ist klar.« (Dachtest du, ich weiß nicht, was P. R. heißt!) »Da ist noch irgendwas Fischiges dabei.«

»Ach ja …?« So ermuntern Auguren andere Auguren zum berühmten Feixen der Eingeweihten.

Er riskierte es, stürzte sich ins kalte Wasser: »Hummersuppe nach Pompadour Art? Oder Hecht à la Louis Quinze?«

»Falsch geraten, Seezunge à la Duglère. Aber immerhin«, und Klemens grinste anerkennend, »besser hätte ich es auch nicht herausriechen können. Sollst dein Täubchen kriegen.«

Er begnügte sich damit, die Mundwinkel schief zu ziehen. Klemens sollte merken, daß er sich nicht von ihm begönnern ließ. Nicht er. »Also dann – ich muß nach Raum 38.«

»Und was soll dort Großartiges stattfinden?« Der Koch drückte seinen Zigarillo in einem Blumentopf aus, einem ohne Pflanze, sandgefüllt und mit seinem Namenszug, Abschiedsgeschenk früherer Kursteilnehmer.

»Des Festes Segen und des Festes Fluch.« Im selben Augenblick bereute er die Preisgabe seines Kursthemas. Klemens äußerte sich nicht, aber sein Blick war eitel Herablassung und Armes-Schwein-Bedauern. Er deutete mit dem Daumen über die Schulter, um die Ecke des Korridors weisend. »Bleib gelassen. Die warten. Stehen als Häuflein vor der Tür und können nicht rein in deine gute Stube. Reden auch nicht miteinander. Nun ja, das gibt sich, leider Gottes. Ehrlich, manchmal möchte ich denen eine halbe Zitrone ins Maul stopfen, Modell Schweinskopf.«

Vier Leute standen vor Raum 38. Zwei Männer, zwei Frauen. Kleiner Kreis; das Thema war wohl zu intim.

»Hallo, seid ihr schon versammelt, das ist ja prima ...«

Mit der einen Hand seinen Schal abwickelnd, schloß er Raum 38 auf, regte an, die Stühle zum Kreis zu rücken und schob immer wieder lockernde Rückfragen ein: »Oder? Was meint ihr? Ist doch gemütlicher so, nicht? Machen wir eigentlich immer.« Und Du-Sagen sowieso, das absorbiere die Befangenheit.

Er schnallte seine Armbanduhr ab und legte sie auf einen in günstiger Sichtweite stehenden Tisch. In einem seiner früheren Kurse, bei den Frischgeschiedenen, hatte sich einmal jemand beschwert, daß er zu oft und vor allem zu auffällig danach schaue. Das sei beleidigend. Er mußte ihm Recht geben, die Kursteilnehmer hatten Anspruch darauf, daß so etwas diskret geschah.

Dann bat er noch um die Vornamen und begann sein literarisches Präludium abzuspulen; was Kurt Goetz und was Gottfried Keller sowie der erzgebirgische Volksmund zum Thema zu sagen hatten und wie man bei den alten Germanen, als noch keiner was vom frommen Sinn des Festes ahnte, zum nämlichen Zeitpunkt mit ganz ähnlichem Pomp und Völlerei die Wintersonnenwende feierte. »Ein kluger Schachzug der Mutter Kirche, den Leuten ihren altgewohnten Termin zu lassen, jajaja, muß man ihr zugestehen.«

Bißchen lachen, das hatten sie immer gerne. Weiterredend musterte er seine an Fluch und Segen des Festes Interessierten, wie sie da auf den Stühlen saßen, hockten oder hingen, geduldig darauf wartend, bis er mit der Bildungsnummer fertig wäre und sie endlich beginnen konnten mit dem Brust aufreißen. Deswegen waren sie schließlich hier.

Dieses Mal war es kinderleicht, ihnen jene geheimen Namen aufzustempeln, die sie nie erfuhren. Er war ziemlich gut in solchen intuitiven Vorurteilen, selten, daß er einen Namen später revidieren mußte.

Rumpelstilzchen bemächtigte sich als Erster der Bekennerfreiheit, zischend wie ein Dampfkessel, rot angelaufen, nach wenigen Minuten schon an jenem Siedepunkt, von dem es zum hysterischen Anfall nur mehr ein Schritt ist. Er begann mit dem Segen, den er in jeglicher Reihe von Feiertagen schon immer zu sehen gewillt war, und wie er nie eine Mühe gescheut habe, für seine Gefährtin (»ein gutes Stück jünger als ich, ihr müßt wissen, ich hatte ihr seinerzeit unter die Arme gegriffen, damit sie studieren konnte, selbstverständlich habe ich ihr auch nach unserer Heirat nie den kleinsten Stein in den Weg gelegt, als sie so versessen war aufs Karrieremachen«), also für seine Gefährtin und sich Urlaubsquartiere zu buchen.

»Nur wir zwei, endlich mal ganz für uns, kein Weihnachtsstress mit Baumputzen und Vorratsbeschaffung. Pferdeschlittenfahrten in Südtirol oder Pulverschnee und Sonne in Kärnten, sie durfte wählen. Aber ob ihr es glaubt oder nicht, sie hatte nie Freude daran, ihre Reaktionen waren lahm und höflich, nicht der Anflug einer Begeisterung oder gar Dankbarkeitsliebe. Also blieben wir halt zu Hause. Aber was tut sie dort? In ihrer Funktion als Fachbereichsleiterin, als« (hier prononcierte er, bräsig, voller Bitternis) »Frau Professor, lädt sie jedes Jahr ausgerechnet zu dieser Zeit Kollegen ein, fremde Wissenschaftler, und zwar aus Ländern, die ein Christfest wie bei uns nicht feiern, Japaner oder Inder. Diese Kerle bleiben dann während der Feiertage unterhaltungsmäßig an ihr, das heißt an uns beiden hängen. *Our castle is their castle!* Sie werden ausgeführt und betreut und keine Stunde allein gelassen. Mir wird die Beteiligung freigestellt, aber ich bitte euch – welcher normale Mensch will schon die Weihnachtsfeiertage eine Tour durch die deutschen Kaiserpfalzen machen? Die Alternative ist, allein zu Hause herumhängen, während sie die Geisha mimt für Mister Harunobo und Mister Kapoor und Mister Karthahadimadja!«

Es kreischte, das Rumpelstilzchen, es hüpfte im Sitzen, wie von einer bockenden Rodeomaschine in die Höhe geworfen.

»Darf man mal fragen, was ist denn dein Beruf?« erkundigte sich die Böse Königin. Mit maliziöser Betonung auf »dein«. Die Auskunft bestätigte seine geheime Diagnose. Rumpelstilzchen entpuppte sich in der Tat als Herr mediokrer Schätze. Er war eine Art Wurstbudenkönig.

Der Triumph, wenn die Tatsachen seinen Aufklebern Recht gaben, loderte längst nicht mehr. Er wußte selbst zu gut, daß er ein begnadeter Menschenkenner war. Er war die vor die Porcos geworfene Margarita, ja und nochmals ja!

»Verlange ich denn zuviel?« kreischte Rumpelstilzchen. »Ich will an den verdammten Feiertagen die Beachtung, die ich sonst das ganze Jahr vermisse, ich will mit ihr am Tisch sitzen und Gänsebraten essen, ich will, daß wir unsere Geschenke auspacken, abwechselnd, damit man die Wirkung mitkriegt, ich will dem Anlaß entsprechende Musik, das heißt traditionelle, und ich will das schöne Schweigen beim Verdauungsspaziergang, von mir aus gerne Hand in Hand ...«

Er brach ab, von dem Beschworenen zu sehr übermannt.

Wieso hat er sich ausgerechnet auf diese Frisur versteift,

dachte der ihn Fixierende (mit dem Hellwach-Blick, der konzentriertes Zuhören vorgab), auf diesen extrem kurzen Ponyschnitt? Wenn es wenigstens klassischer Römer-Pony wäre, ausgefranst und bis an die Brauen reichend, aber dieser gerade mal fingerbreite Streifen, wie mit dem Lineal gezogen – hatte der das von einem Karl-Kraus-Foto abgeschaut? Oder war er gar Mitglied in einem Rainer-Kunze-Fan-Club?

»Wir bleiben immer zu Hause«, schaltete sich die Böse Königin ein und besiegelte mit diesem »wir«, daß sie Rumpelstilzchens Zeit als abgelaufen betrachtete. »Während der Sommerferien ist es mir bisher immer geglückt, Carina in irgendwelche ausländischen Pfadfindercamps zu verfrachten oder sie in der Familie einer Freundin aus dem Internat aufgehoben zu wissen, egal was es kostet. Hauptsache, sie kommt mir nicht unter die Augen, beziehungsweise ihrem Vater. Weihnachten hingegen arbeitet die Tradition leider gegen mich.«

»Sprichst du von deiner Tochter?« Schneewittchen beugte sich interessiert vor. (Mitte zwanzig, verhärmt, das Haar lang und glatt hängend, hübsch auf eine etwas blutarme und schmuddlige Art. Ihr weißes gehäkeltes Krabbelkindermützchen hatte sie auch im Zimmer aufbehalten.)

»Meiner Stieftochter. Das Blag aus Egons erster Ehe.«

Die Böse Königin starrte auf einen unsichtbaren Punkt und begann zu reden, immer schneller, fast war es ein Schnattern. Was an ihr war es nur, sann der Unbeteiligte, das einen instinktiv an Doris Day erinnerte? Das übertrieben Adrette, dieses Pfundskerlige, Chefige … aber es war auch noch was ganz simpel Physisches. Ja doch, klar doch: der steile Nacken!

Doris Day hatte auch immer so eine unsichtbare Schleudertrauma-Manschette um den Hals getragen.

Sie dächte in letzter Zeit, bekannte die Böse Königin, immer öfter daran, das kleine Miststück loszuwerden, dieses ausgekochte, laszive Luder, dieses ... äh ...

»Macht sich einen Jux daraus, Kuscheleien mit Egon herbeizuführen. Sie braucht sich bloß auf seinen Schoß zu flegeln, Hosendekolleté bis unterhalb der Schamhaargrenze, schon verspricht er ihr das Blaue vom Himmel. Ihr solltet die Namen hören, die sie füreinander haben! Nein, ich will sie hier nicht wiederholen! Und wenn sie dann noch ihre Superstarnummer vormacht, soll heißen, wenn sie ihm vorsingt, mit dieser dünnen, belegten Schulmädchenstimme, nicht die leiseste Spur von Klang oder gar Timbre ...«

Bisher, sagte die Böse Königin und zerrte ein Stofftaschentuch aus der Hosentasche, bisher habe sie sich nur bemüht, dem Balg pfundweise weißmehlige, schmalzgebackene, schweinefleischerne, erdnußbuttrige, vor Zuckergehalt strotzende Kulinarien der amerikanischen Küche ins Haus liefern zu lassen. »Damit sie fett wird und Pickel bekommt, wie sich das in der Pubertät gehört. Aber irgendwann werde ich auf dem Titelblatt einer gewissen Zeitung zu sehen sein, Überschrift: ›Rattengift im Zimteis – Stieftochter (15 1/2) starb beim letzten Gang, während am Christbaum die Lichter noch brannten.‹ Merkt euch schon mal meinen Namen.« Er lautete Regina, das hatte sie vorhin verraten; mehr wollte im Moment niemand wissen.

Noch achtzehn Minuten, sofern keiner die Verspätung einklagte. Dezent nahm er die Uhr vom Tisch, eine Geste, die indes niemand beanstandete, zu erschüttert schienen sie über das Bekenntnis der Bösen Königin. Ob die anderen drüben schon ihre Seezunge Duglère gegessen hatten? Die Kursgebühren waren astronomisch, der Zutaten wegen, doch hier war er einmal voll und ganz auf Klemens' Seite: Von nichts kam nichts.

Als er sich wieder den Seinen zuwandte, sprach grade Tölpelhans und strich sich beim Reden fortwährend mit den Fingerkuppen über die Bartstoppeln, daß es nur so knisterte. Das tat er übrigens auch, wenn er schwieg. Schon pathologisch, der reinste Sukkulentenkoser. Waren die nicht schon längst wieder passé, die unrasierten Wegelagererfressen? Und worüber zum Henker quatschte der Knabe? Es empfahl sich Miene Nummer drei: fasziniert und gebannt, Brauen hochgezogen. Das suggerierte Anteilnahme, mußte aber sparsam dosiert werden, einem Quentchen Sambal vergleichbar.

»... die ganz spezifische ... äh, Sehnsuchtsfigur, sag ich mal, der viele von Kind an nachträumen. Ich denke an Michael Jackson und Peter Pan, oder die Katholiken und ihre Mutter Maria. Ich nun habe mein Herz von klein auf an das Christkind gehängt. Versteht mich recht – ich meine hier nicht das Kind in der Krippe, keinen Säugling, ich bin nicht pervers. Nein, ich meine ... äh, ihr kennt vielleicht diese Vorführungen, die es Heiligabend in den meisten Kirchen gibt?«

Allgemeines Nicken.

»Also, bei uns in Sankt Medardus war immer großer Bahnhof, drei Durchgänge, um drei der erste, dann halb fünf und der letzte um sechs. Die Sakristei als Garderobe, die Frau des Kantors als Inspizient: ›Josef raus, Arm um Maria, Maria –

hier dein Kind, also ihr zählt in Gedanken mit: dreimal rund um Altar und Kanzel, so lange, bis das Geigenquartett auf der Empore fertig ist!‹ Das sollte die Flucht nach Ägypten darstellen, nur mal so als Beispiel. Ich persönlich hab es nie bis zum Josef geschafft, ich war mehrere Jahre bei den Hirten, danach einmal einer der Gold-Myrrhe-und-Weihrauch-Schlepper in der Gruppe der Heiligen Drei Könige und zuletzt zweimal der Herold, der als Allererster auftritt. Dann zogen wir leider in eine andere Stadt. Also, bei diesem Spektakel nun trat stets auch eine Figur auf, über die das Lukasevangelium nicht das Geringste mitteilt. Es war immer eine weibliche Gestalt von reiferem Alter, also um die vierzehn, fünfzehn. Unser Pfarrer hatte es mal so erklärt, daß auch in den alten Weihnachtsspielen ganz früher Christkind und Jesusknabe stets als zwei verschiedene Personen aufgetreten seien.«

Dieses weiß gewandete Fräulein mit dem Sternenkranz, so unbescholten und mild und lieb lächelnd, aus der Konfirmandenklasse zumeist, werde er seitdem nicht mehr los. Er suche es, dieses sein spezielles Christkind, seit seinem zehnten Lebensjahr.

»Den Typ natürlich. Nicht etwa Uschi Kleeschulte oder später Gesa Tormöhlen, ich glaube, Ina Schlittich war es auch mal. Nein, allein den Typ!«

Zehn Minuten noch.

Vier Gesichter wandten sich ihm zu. Er war der Kursleiter. Er hatte zu reden, wenn sie Wert darauf legten. So prasselte er denn herunter, was es darüber zu bemerken gab; die würden es ja sowieso wieder vergessen.

»Geht zurück auf Berchta oder Bertha, die Strahlende, Begleiterin von Wuotan alias Wotan, stehender Beiname ›hruodperath‹, woraus sich dann das populäre Rupprecht herausgeschliffen hat. Das Pärchen hatte, im 19. Jahrhundert zumal, die Wunschzettel-Anlaufstelle unter sich, sowie Gewähren oder Nichtgewähren zu verantworten. Dein Christkind ist also nichts anderes als ein ins Krippenspiel hineingeschmuggeltes heidnisches Rudiment.« Und so weiter und so weiter, solche Stichworte konnten ein Segen sein, ließen sie einen doch dann unangefochten labern. So, aus, Schluß.

»Leider, ihr Lieben, müssen wir die Sitzung für heute abbrechen. Die Stühle bitte wieder an den Tisch zurückstellen. Nächste Woche sehen wir uns dann noch einmal, vorm Fest. Da kommst du gleich als Erste dran« – an die Adresse der jungen Verhärmten mit dem DJ-Ötzi-Mützchen. »Kannst du uns schnell mit einem Satz sagen, in welcher Hinsicht du das Fest als Segen oder Fluch empfindest? Etwa« – vor Aufgeräumtheit, es wieder mal hinter sich zu haben, wurde er neckisch – »auch Probleme mit dem Christkind?«

»Ich bin das Christkind.«

»So? Ach was. Interessanter Aspekt. Also, mmjää ... ich finde, daß das ein ausgesprochen starker Abend war. Große Entleerungen etcetera. Oder? Meint ihr nicht auch?«

Während die Vier sich auf dem Gang zusammenrotteten und beschlossen, den Abend noch auf privater Basis fortzusetzen – sofern man nicht unbedingt auf deutsche Küche aus war, konnte man in bequemer Nähe durchaus satt werden –, schlich er, den Schlüssel von Raum 38 in der Hand, der noch immer erleuchteten, noch immer Duft verströmenden, gewissermaßen postkoitalen Küche zu. Er preßte das Ohr an die Schwingtür und wagte dann, sie vorsichtig aufzustoßen.

Ein gutes Dutzend Leute in verschiedensten Schürzen war dabei, Kasserollen auszukratzen, Teller und Töpfe und Schüsseln in Spülmaschinen einzuschichten und Speisereste in Tuppergefäßen zu verschließen, um sie mit heimzunehmen. Von Klemens keine Spur. Es war ihm zuzutrauen, daß er einfach seine Eleven beauftragte, den Schlüssel der Küche in der Pförtnerloge abzuliefern. Schöner Kursleiter, ts!

Er straffte sich wie unter einem anfeuernden Peitschenschmitz, wurde aufrecht und huldvoll und autoritär. Wurde zum Wiedergänger Vatels (ob die hier überhaupt je von dem gehört hatten?), erscheinend an Orten, wo es Not tat.

»Hat man mit Ihnen jemals die Herstellung echter Cumberlandsauce durchgenommen? Nein?! Unglaublich! Dabei gehört das zur Grundausrüstung eines jeden Kochkünstlers. Passen Sie auf ...«

Leichtfüßig, behende ging er an einen der beiden gewaltigen Eisschränke. Öffnete ihn. Suchte kurz und leerte dann einen Rest Johannisbeergelee in eine Schüssel, die er aus dem Fundus des Unbenutzten herausgriff, ebenso einen Schlagbesen.

»Dazu einen Esslöffel scharfen Senf« (ein abermaliger Griff in den Kühlschrank). »Ein paar Tropfen Olivenöl. Ein kleiner Schuß Rotwein. Etwas frischer Zitronensaft ... Eine Prise Salz, eine Prise Zucker. Und als letztes eine Apfelsine.«

Vor den Augen von Kochlehrlingen aller Altersstufen holte er eine riesige Navel-Orange aus dem Obstkorb. Er schälte sie und preßte sie aus und machte sich an die mühselige Arbeit, auch das feinste Partikelchen anhaftenden weißen pelzigen Belags von der Rinde zu schaben. Zuletzt schnitt er die so gesäuberte Schale in winzige Schnitzel und rührte auch sie unter das Johannisbeer-Senf-Saft-Gemisch.

»Die Cumberlandsauce«, dozierte er mit einem Lächeln voller Bonhomie, während er die Schüssel reihum reichte, damit alle eine Kostprobe nähmen, »die Cumberlandsauce verdankt übrigens ihren Namen Prinz August von Cumberland, dem dritten Sohn König Georgs II. von England. Sein einziger Sieg in einer fast vierzigjährigen glücklosen Heerführerzeit war der bei Culloden über den schottischen Kronprätendenten Bonny Prince Charlie. Allerdings schändete Cumberland diesen Sieg durch seine Grausamkeiten gegen die Anhänger des Prinzen. Daher wohl die an geronnenes Blut erinnernde Farbe und Konsistenz der Sauce, die gewöhnlich zu Geflügel und Schweinebraten gereicht wird. Will man sie als Wildschweinbeilage verwenden, nimmt man nach Geschmack noch Wacholderbeeren dazu.«

»Erzählen Sie diesen Schwachsinn Ihren Neurotikern, aber gefälligst nicht meinen Kursteilnehmern, verstanden?« Niemand hatte ihn eintreten hören: Klemens, jetzt in Zivil, seine Berufskleidung in einer Sporttasche bei sich tragend. »Was zum Henker haben Sie überhaupt hier verloren?«

»Warum haben wir eine so weltberühmte Sauce eigentlich noch nie durchgenommen?« begehrte einer der Kochschüler zu wissen, und zwei Frauen sekundierten: »Ja, eben!«

Klemens stieß geringschätzig Luft zwischen den Lippen aus, winkte mit der langen eleganten Hand ab und bemerkte, die englische Küche sei ihm keinen ganzen Abend wert. Drei, vier Saucen, nun ja, damit hätte es sich aber auch schon. Dann entriß er dem Wiedergänger Vatels die Schüssel, kostete angewidert und spülte den rotklumpigen Rest in den Ausguß.

»Typisches Amateurgepansche! Rotwein – pah! Zitrone, pfh! In meine Cumberlandsauce gehören Portwein und Weinessig. Außerdem muß das Ganze etwa drei Minuten köcheln. Und in das Erkaltete werden gehackte kandierte Kirschen gemischt. Von alledem aber mal abgesehen ist meine Küche für Scharlatane tabu. Besonders für solche, die nicht bezahlt haben, was sie verurachen. Wenn Sie sich also bitte verabschieden würden ...«

Klemens persönlich hielt ihm den Türflügel auf. Plötzlich mochte ihm etwas eingefallen sein, denn er fragte halblaut über die Schulter – »He, warte mal!« rufend –, ob man vielleicht eins der Täubchen übrig habe, mit dem Kopf auf den Hinausgewiesenen deutend, gnädig schon wieder und ganz prächtige Güte ausstrahlend, eine Verkörperung weihnachtlichen Geistes, daß Dickens sich die Hände gerieben hätte.

Doch er traf auf verschlossene Gesichter. Falls es restliche Pigeons Royales gab, so waren sie vertuppert und längst in Privatbesitz. Klemens pfiff verlegen durch die Zähne, chchch. Konnte man nichts machen. Pech.

Der Schlüssel von Raum 38 war bereits auf der Treppe. Der ihn umkrampft hielt, hörte das Chchch nicht mehr. Dabei war es ein Geräusch ehrlichen Bedauerns. Ganz und gar ehrlich.

M. A. NUMMINEN & JUICE LESKINEN

Ferkel

Unser Weihnachtsfest, das beginnt schon im Maien,
dann wird das Ferkel gemästet im Freien.
Es grunzt und es schmatzt und es frißt sich satt
und wenn's im November gefroren hat.

Ferkel! Du wirst nun abgeknallt.
Ferkel! Weihnachten kommt schon bald.
Ferkel! Der Onkel trinkt dein Blut.
Ferkel! Wir feiern frohgemut.

Ahnungslos räkelt sich der gemästete Eber.
Ein Schaudern läuft mir über die Leber.
Mein Bruder wetzt schon sein Messerlein.
Bald trennen sich Fleisch und Gebein vom Schwein.

Ferkel! Wir brauchen Pökelsalz
Ferkel! für zarten Schweineschmalz.
Ferkel! Komm in die Ofenglut.
Ferkel! Dein Hinterteil schmeckt gut.

Im Gewühle der Kaufhäuser sucht man Geschenke,
drängelt mit dem Ellbogengelenke.
Wer das aber sieht, der guckt lieber weg:
Hier wälzt sich der Mensch im eignen Dreck.

Ferkel! Wie Papa kaut und kaut
Ferkel! das ist schon halb verdaut.
Ferkel! Dein Leben endet grad'
Ferkel! im Magensäurebad.

Unser Schinken, der schmort bei Oberhitze
während ich vor dem Backherd sitze.
Ich brate bei zweihundertfünfzig Grad,
Weihnachten kenne ich keine Gnad'.

Ferkel! Nun schneide Schinken ab.
Ferkel! Der Gürtel wird schon knapp.
Ferkel! Das Leben ist so kurz
Ferkel! und endet doch als Furz.

Weihnachtskarpfen, Weißwurst, Puter und Schinken,
Braten, Süßes und Schnäpse zu trinken.
Man erkennt, wenn das Fest dann vorüber ist:
Der Mensch ist wirklich, was er ißt.

Deutsch von Matti Kontio

LINDA VERHAELEN
Weihnachtseinkauf

KUNDE: Entschuldigung ...
VERKÄUFERIN: Komme gleich!
KUNDE: Ich brauche eine Beratung!
VERKÄUFERIN: Bin gleich bei Ihnen.
KUNDE: Ich war aber vorher dran.
VERKÄUFERIN: Sekündchen.
KUNDE: Also, nee.
VERKÄUFERIN: So, da bin ich. Was kann ich denn für Sie tun?
KUNDE: Ja, also. Also, da wird man ja ganz durcheinander in dem Laden hier. Jetzt gehen Sie doch nicht wieder weg!
VERKÄUFERIN: Einen Augenblick.
KUNDE: Meine Güte, was drängeln die Leute, ist ja grauenhaft.
VERKÄUFERIN: Ist halt Endspurt. Was darf's denn sein?
KUNDE: Also, so schnell geht das nicht bei mir. Wissen Sie, ich bin nicht so oft in der Stadt. Ich bin mehr vom Land. Also, ich möchte ein Parfüm kaufen.
VERKÄUFERIN: Na, das dürfte ja kein Problem sein. Dafür sind wir ja die Parfümerieabteilung.
KUNDE: Ja, aber es ist für eine ganz bestimmte Dame.
VERKÄUFERIN: So. Ja, das ist meistens so. Haben Sie Ihre Wahl denn schon getroffen oder darf es eine neue Kreation sein?
KUNDE: Das ist ja das Problem – ich weiß es nicht.
VERKÄUFERIN: Äh ... verstehe ich jetzt nicht ganz.
KUNDE: Ja, also, sie benutzt ab und zu ein Parfüm, aber ich weiß nicht welches, das heißt, ich weiß den Namen nicht.

Ist eine eckige Flasche. Wissen Sie, ich kenne die Dame noch nicht so lange. Ungefähr drei Monate.

VERKÄUFERIN: Quadratisch oder mehr rechteckig?

KUNDE: Tja, also ...

VERKÄUFERIN: Wie alt ist denn die Dame?

KUNDE: Circa Ende dreißig, kann auch Anfang vierzig sein. Ich würde sagen, zwischen Mitte dreißig und Mitte vierzig. Schlank. Ungefähr Ihre Größe.

VERKÄUFERIN: Aha. In dieser Altersklasse wird zum Beispiel gerne zu Jil Sander gegriffen. Wollen Sie mal testen? Ich sprüh Ihnen gern mal was auf das Handgelenk.

KUNDE: Sander? Ist das denn bekannt?

VERKÄUFERIN: Sehr bekannt. Ist etwas für die sportlich-elegante Dame, nicht zu jung, agil, beruflich erfolgreich ...

KUNDE: Im Moment arbeitet sie nicht.

VERKÄUFERIN: Dann hätte ich hier ein preislich sehr günstiges Angebot, schön weihnachtlich verpackt inklusive Bodylotion von Calvin Klein. Wie wäre es damit?

KUNDE: Klein? Klingt so mickrig, nicht?

VERKÄUFERIN: Würde ich nicht sagen. Es kommt natürlich darauf an, was sie für ein Typ ist, diese Dame. Also, eher klassisch-feminin oder modern-avantgardistisch. Calvin Klein ist eher geschlechtsneutral.

KUNDE: Wie bitte?

VERKÄUFERIN: Ja, für Sie und Ihn. Das können beide nehmen.

KUNDE: Ich möchte eigentlich nicht, daß sie so riecht wie ich.

VERKÄUFERIN: Ist die Dame eher luxusorientiert oder preisbewußt? Ist sie denn sonst eher modisch oder konservativ?

KUNDE: Also, sie trägt öfter Jeans und so'ne Regenjacke.

VERKÄUFERIN: Regenjacke, also eher der sportliche Typ. Ja, da nehmen wir doch was von Sabatini. Ist auch nicht so kostspielig.

KUNDE: Ach, ich guck da nicht auf den Cent.

VERKÄUFERIN: Lagerfeld! Wie wäre es damit? Wird sehr gerne gekauft, paßt eigentlich zu jedem Typ.

KUNDE: Ein Allerweltstyp ist sie nicht.

VERKÄUFERIN: Oder lieber etwas Extravagantes von Paloma Picasso?

KUNDE: Picasso? War das nicht dieser verrückte Maler?

VERKÄUFERIN: Ich glaube, das ist die Tochter. Dann käme es noch darauf an, zu welchem Anlaß. Ich meine, eher etwas Schweres für den Abend mit würzig-holziger Note ...

KUNDE: Also, nach Holz soll sie nicht gerade riechen.

VERKÄUFERIN: ... oder etwas Blumig-Fruchtiges für den Tag ...

KUNDE: Fruchtig?

VERKÄUFERIN: ... oder mit einer Komponente aus Vanille-Extrakten ...

KUNDE: Nee, es soll schon was Erotisches sein.

VERKÄUFERIN: Vanille kann durchaus erotisch sein.

KUNDE: Kann ich mir gar nicht vorstellen. Meine Oma hat früher immer einen Vanillepudding gekocht ...

VERKÄUFERIN: Ist sie dunkel oder blond?

KUNDE: Ach, ist das auch wichtig?

VERKÄUFERIN: Ja, sicher. Jeder Hauttyp verlangt eine andere Duftnote.

KUNDE: Ach, du lieber Gott. Sie ist blond.

VERKÄUFERIN: Dann nehmen wir doch was Leichtes, Frisches, eventuell auch etwas Herbes.

KUNDE: Meine Güte.

VERKÄUFERIN: Ich habe hier einen ganz leichten, angenehmen Duft für den Tag. Wollen Sie mal testen?

KUNDE: Dann rieche ich ja nach dem Zeug. Nee, und so ganz leicht soll es dann auch nicht sein. Das verfliegt ja dann so schnell. Es soll schon haften bleiben.

VERKÄUFERIN: Das hat damit eigentlich nichts zu tun. Wie wäre es mit einer hochaktuellen Duftkomposition von Biagiotti? Sie können sie an meiner Hand testen, wenn Sie wünschen.

KUNDE: Hm. Bißchen süßlich, nicht? Da fällt mir ein, also, sie ist zwar blond, aber gefärbt, glaube ich. Offiziell weiß ich das natürlich nicht, aber das sieht man. Die anderen Haare am Körper, die sind dunkel.

VERKÄUFERIN: So. Aha. Also, da empfehle ich Ihnen was von Chanel. Da können Sie gar nichts verkehrt machen. Chanel No. 5, das hat übrigens auch Marilyn Monroe getragen.

KUNDE: Marilyn Monroe? Ist die nicht schon lange tot?

VERKÄUFERIN: Schon. Aber sie war auch eine falsche Blondine.

KUNDE: Falsch – wie sich das anhört.

VERKÄUFERIN: Pardon. Dann hätte ich hier einen ganz populären Moschusduft in einem sehr ansprechenden Flakon, besonders edles Design.

KUNDE: Moschus? Wie ein Ochse soll sie aber nicht riechen! Wir haben bei uns sowieso die ganze Landwirtschaft …

VERKÄUFERIN: Vielleicht rollen wir das Ganze mal von hinten auf. Was möchten Sie denn anlegen?

KUNDE: Ja, was kostet denn so was?

VERKÄUFERIN: Das kommt darauf an. Soll es ein Parfüm sein oder doch lieber ein Eau de Cologne?

KUNDE: Wo ist denn da der Unterschied?

VERKÄUFERIN: Parfüm ist konzentrierter und intensiver in der Wirkung. Der Duft hält länger. Deshalb kostet es mehr.

KUNDE: Kosten darf es ruhig. Zeigen Sie doch mal so'n Fläschchen, damit ich mir ein Bild machen kann.

VERKÄUFERIN: Ja, welche Marke denn nun?

KUNDE: Ist egal. Ich will ja nur mal gucken.

VERKÄUFERIN: Also, das hier zum Beispiel wäre jetzt von Bulgari. Etwas Anspruchsvolles, sowohl vom Design als vom Preis.

KUNDE: Ist das aber klein!

VERKÄUFERIN: Ja, das ist ein Parfüm.

KUNDE: Sind die alle so klein?

VERKÄUFERIN: Es gibt sie in mehreren Größen. Je größer, desto teurer.

KUNDE: Was kostet denn so'n Fläschchen da?

VERKÄUFERIN: Der Flakon liegt bei 148,99 Euro.

KUNDE: Was???

VERKÄUFERIN: Das wäre die mittlere Größe.

KUNDE: Das sind ja fast dreihundert Mark!

VERKÄUFERIN: Ja, wenn Sie noch in DM rechnen.

KUNDE: Ja, ich überschlag das immer so. Dreihundert Mark! Sind die alle so teuer?

VERKÄUFERIN: Es gibt da natürlich Preisdifferenzen. Aber Parfüms sind grundsätzlich teurer als Eau de Cologne.

Wenn Sie lieber ein Eau de Cologne möchten, also, da haben Sie mehr Inhalt, da ist der Flakon größer, das ist ja klar.

KUNDE: Ja, so'n winziges Fläschchen, ich meine, da denkt sie ja, ich wollte nichts ausgeben für sie.

VERKÄUFERIN: Im allgemeinen wissen die Damen schon, daß Parfüm nicht preiswert ist.

KUNDE: Meinen Sie? Also, ich finde das hier unheimlich kompliziert. Ich bin da irgendwie überfordert im Moment. Wieso wissen die anderen eigentlich, was sie wollen?

VERKÄUFERIN: Die erkundigen sich vorher, was die Dame nimmt. Oder sie greifen einfach zu etwas Exklusivem.

KUNDE: Exklusiv – das klingt nicht schlecht. Blöd, daß ich nicht so gut rieche. Ich meine, meine Nase ist nicht so umwerfend. Das ist aber auch eine schwere Entscheidung!

VERKÄUFERIN: Ja, dann weiß ich bald auch nicht mehr. Ich meine, wenn Sie nicht testen wollen ... Vielleicht sollten Sie umdisponieren und ganz etwas anderes schenken.

KUNDE: Ja, aber was?

VERKÄUFERIN: Also, wir haben da ganz entzückende Arrangements mit einem Eau de Cologne, einer edlen Seife und einer Bodylotion. Schön festlich verpackt, speziell für Unentschlossene. Aber auch da gibt es verschiedene Duftvarianten.

KUNDE: Bei den Bodylotions auch?

VERKÄUFERIN: Da auch. Wobei es da nicht so ganz drauf ankommt wie bei den Duftkreationen. Die Duftkomposition spielt da nicht so eine entscheidende Rolle wie bei einem Parfüm.

KUNDE: Nicht?

VERKÄUFERIN: Nein.

KUNDE: Warum nicht?

VERKÄUFERIN: Es kommt da mehr auf die pflegende Komponente an. Da müßte ich dann wissen, ob die Dame zu trockener Haut neigt oder zu fettiger, teigiger...

KUNDE: Teigig?

VERKÄUFERIN: Eine reife Haut braucht eine intensivere Pflege als eine jugendliche. Das ist ja klar. Ich würde da eine straffende Körpermilch empfehlen, vielleicht mit Traubenkernöl, die schützt vor Feuchtigkeits- und Elastizitätsverlust. Die reife Haut hat natürlich einen höheren Lipidbedarf als die jüngere.

KUNDE: Li... was?

VERKÄUFERIN: Ja, mit CoEnzym Q10, das regt die Energieproduktion der Zellen an.

KUNDE: O Gott! Was könnten Sie mir denn da genau empfehlen?

VERKÄUFERIN: Das käme auf den Preis an.

KUNDE: Was kosten die denn generell?

VERKÄUFERIN: Das kann man so pauschal nicht sagen.

KUNDE: Wissen Sie was? Mir fällt da gerade ein, meine Mutter hat da immer von Nivea so'ne Flasche auf dem Badewannenrand stehen. Haben Sie so was auch?

VERKÄUFERIN: Das gibt es nebenan bei den Körperpflegeprodukten.

KUNDE: Das finde ich jetzt genial! Gibt es da auch große Flaschen?

VERKÄUFERIN: Natürlich.

KUNDE: Und was kostet die größte?

VERKÄUFERIN: Da müßte ich nachfragen. Wenn Sie einen Moment warten wollen.

KUNDE: Ich warte.

VERKÄUFERIN: Also, die größte liegt bei 8,95 Euro.

KUNDE: Die nehm ich!

VERKÄUFERIN: Wie Sie wünschen.

KUNDE: Und'n bißchen verpacken, mit Schleife und so.

VERKÄUFERIN: Das macht die Kollegin an der Kasse.

KUNDE: Ach, bin ich froh jetzt. Endlich hab ich was gefunden. Sie haben mich richtig gut beraten, das muß ich sagen. Was Sie auch alles wissen – einfach toll!

VERKÄUFERIN: Vielen Dank.

KUNDE: Dann geh ich jetzt mal zur Kasse.

VERKÄUFERIN: Bitte sehr.

KUNDE: Wiedersehen. Und frohe Festtage!

VERKÄUFERIN: Ebenfalls.

VERKÄUFERIN ZUR KOLLEGIN: Noch einen von der Sorte, und ich geb den Löffel ab. Daß so was frei rumläuft! Kommt vom Land, sagt er.

KOLLEGIN: Ja, den müssen sie beim Schweinezählen übersehen haben.

VERKÄUFERIN: Vielleicht ist er beim Besamen vom Bock gefallen.

KOLLEGIN: Oder als Kind untern Trekker.

KUNDE: Hallo, Fräulein, ja, ich bin's noch mal, haha. Ich wollt nur sagen, im Februar komm ich garantiert wieder zu Ihnen. Da hat sie Geburtstag!

P. G. WODEHOUSE

Genau was ich mir gewünscht hatte

Mit dem Nahen der Weihnacht scheint sich jedes Jahr ein neuer Geist auf die Gemeinde herniederzustehlen, ein Geist von Fröhlichkeit und gutem Willen. Untere Angestellte von Hotels, Restaurants und anderen Piratennestern lächeln ölig angesichts unseres Kommens. Unsere Verwandten im fernen Westen schreiben uns lange, geschwätzige Briefe über das liebe alte Leben in der Heimatstadt, die nun so weit, und spekulieren ganze Abende lang im Halbkreis um den Kamin, für wieviel wir gut sind und ob es wirklich weise war, den ältesten Sohn auf den bloßen Verdacht hin, wir würden von Zeit zu Zeit etwas lockermachen, mit unserem Vornamen zu behindern.

Unsere Freunde grüßen uns auf der Straße mit »Na! Bald ist wieder Weihnachten!« und notieren derweil im Gedächtnis das Gelübde, sich, bevor sie wissen, welche Sorte Geschenk wir ihnen verpassen, eher hängen zu lassen, als für uns über £ 1,10 zu gehen. Überall sieht man ihn, diesen leutseligen, Dickens'schen, herzhaften Friede-und-Wohlgefallen-und-die-ganze-Richtung-Geist. Stechpalme hängt an den Wänden. O du fröhliche! O du fröhliche! Unter diesen Umständen ziemt es uns, gewappnet zu sein. Es hat keinen Sinn, sich vorzustellen, wie jeder es sich in seinen optimistischeren Gemütslagen vorgestellt hat, der Kreis der Familie würde Äußerungen des Bedauerns und Geschichten von Paketen, die auf der Post verloren gegangen seien, akzeptieren.

Das haben Sie, wenn Sie sich erinnern, bereits im letzten Jahre angewandt, und es ist nichts, was zweimal klappt. Nein, Geschenke müssen gekauft werden, und das einzige, was man machen kann, ist, so billig wie möglich davonzukommen.

Die erste Regel beim Kaufen von Weihnachtsgeschenken lautet, daß man etwas Glänzendes aussucht.

Wenn das gewählte Objekt aus Leder ist, muß das Leder aussehen, als wäre es soeben gründlich eingefettet worden; wenn es aus Silber ist, muß es in ebenjenem Lichte erstrahlen, welches, wie der Dichter so treffend sagt, auf See nicht, nicht an Land je zu erblicken war. Deshalb sind Bücher so beliebt. Es existiert wahrscheinlich nichts, was so sehr glänzt wie eine Werkausgabe von Longfellow, Tennyson oder Wordsworth.

Ich sah, wie eine gemeine Stubenfliege sich auf der Rückseite einer Weihnachtsausgabe von Rabindranath Tagore niederließ, die ich meinem Onkel James geschenkt hatte, die gesamte Länge des Bandes entlangrutschte, schließlich mit unglaublicher Geschwindigkeit abhob, gegen die Wand flog und dort das Bewußtsein verlor. Viele schlaue Menschen verstreuen tatsächlich in ihren Arbeitszimmern Bücher, die ihnen zur festlich-frohen Julzeit angehängt wurden, aus keinem anderen Grund als dem, der Bekämpfung jener Fliegen, zu deren Totklatschen niedere Dienstboten ohne Ergebnis abkommandiert waren, Vorschub zu leisten.

Man kann sie außerdem als Spiegel verwenden.

Mein einziger Einwand gegen die Sitte, Bücher zu Weihnachten zu verschenken, ist der vielleicht egoistische, daß sie eine ganze Anzahl von Schriftstellern ermuntert und bei der Stange hält, die viel besser dran wären, wenn sie die Feder Feder sein ließen und eine geregelte Arbeit aufnähmen.

Verleger verlassen sich auf die Weihnachtszeit, weil sie ihnen dabei hilft, all diese klobigen Bände loszuwerden, die sie während der letzten zwölf Monate in Intervallen verlegt haben, um der Verwandtschaft ihrer Gattinnen gefällig zu sein.

Eine umsichtigere Einstellung seitens der Öffentlichkeit, was das Schenken betrifft, würde nahezu augenblicks den Verkauf solcher Werke wie *Weniger bekannte Zufluchtsstätten des sibirischen Aalgeiers, Vergessene Spaziergänge durch das alte Hoboken, Die Vogelwelt am Unteren Mississippi* und dergleichen beenden. Menschlichkeit und Rücksicht auf andere sind die zwei Tugenden, die jeder Käufer von Weihnachtsgeschenken aufweisen sollte. Sein Ideal sollte sein, etwas auszuwählen, was dazu in der Lage ist, entweder nächste Weihnachten oder wenn ein Wegelagerer, der zufällig ein Freund des Opfers ist, ankündigt, demnächst zu heiraten, weiterverschenkt zu werden. Viel Elend ist durch den Brauch, Dinge zu verschenken, die nicht auf diese Weise behandelt werden können, über ungezählte Häuser gekommen. Ich erinnere mich, einem Freund, der erwog, den Grundstock für eine zukünftige Scheidung zu legen, indem er sich einem Mädchen anverlobte, dessen Name mir im Augenblick nicht gewärtig ist, eine einzigartig abstoßende Karaffe zum Dekantieren von Bordeaux weitergeschenkt zu haben, die mir zu Weihnachten von meiner Tante Charlotte verehrt worden war und, von mir unbemerkt, eine Inschrift trug:

»In zärtlicher Liebe von CBH«

Diese Entdeckung unter den Weihnachtsgeschenken sowie das totale Unvermögen meines Freundes, auch nur ansatzweise zu erklären, wer die zärtlich liebende CBH war, versah die Braut mit einem Vorteil, von dem sich ihr Herr und Meister nie mehr erholte, und erst am Ende ihres ersten Ehestandsjahres, als die Gerichte das glückliche Paar trennten, war er wieder stolzer Besitzer eines Haustürschlüssels.

Was für ein andersartiges Geschenk war doch die Garnitur *Des Rauchers idealer Gefährte,* welche ich zur vorletzten Weihnacht entgegennehmen durfte. Sie wurde mir von der Frau eines alten Studienfreundes überreicht, und es war alles dran, einschließlich eines Zigarrenabschneiders aus Messing, welcher das Rauchen für einen korrekt veranlagten Mann zu einer abscheuerregenden Unmöglichkeit macht. Ich zögere, denn ich bin mir meiner Fakten nicht ganz sicher, eine solche Anklage vorzubringen, aber ich glaube mich zu entsinnen, daß das garstige Paket auch noch ein samtenes Rauchermützchen enthielt. Im Herbst des folgenden Jahres gab ich es als Hochzeitsgeschenk an einen weiteren alten Studienfreund ab und dachte nicht mehr darüber nach. Die Überraschung, am Weihnachtsmorgen des nächsten Jahres, bestand darin, daß ich es von einem entfernten Vetter zurückerhielt. Wieder verschenkte ich es, zu Weihnachten darauf – aber nur, um es zu Hause am ersten Weihnachtstag drei Jahre später auszupacken, diesmal als Geschenk der Frau meines alten Studienfreundes, die es mir vor zehn Jahren zum erstenmal geschenkt hatte.

Das Ding hatte einmal die gesamte Runde gemacht und sah völlig neuwertig aus, obwohl es kein Rauchermützchen enthielt. Es mag sein, daß es nie ein Rauchermützchen enthalten hatte, oder möglicherweise hatten die Zeitläufte dem Samt übler mitgespielt als dem Messing. Ich bekenne mich zu einer nicht unmannhaften Aufwallung von Sentiment, als ich es abermals erblickte und an all die guten Männer dachte, welche es in den Stand gesetzt hatte, zu Weihnachten etwas Gefälliges und Erwünschtes zu verschenken, ohne sich in jene Ausgaben zu stürzen, die man in diesen Zeiten der gestiegenen Lebenshaltungskosten so gern vermeidet.

In einem Monat wird es seine Reisen wieder antreten, aber auf anderer Route, denn ich schicke es einem Freund nach Australien, bis wohin, da bin ich mir fast sicher, es noch nicht vorgedrungen ist.

Die Frage »Was wird aus Weihnachtsgeschenken?« quält seit langem den denkenden Menschen. Jedes Jahr bricht sich eine Flutwelle unglaublich nutzlosen Plunders über der Metropole, und irgendwie ist sie wieder beseitigt, bevor die erste Mücke die Küste von New Jersey betritt und die Fähre zur 23. Straße besteigt. Ein Anteil davon findet zweifellos nach Art meines *Idealen Gefährten des Rauchers* weitere Beschäftigung, aber die überwiegende Mehrheit der Weihnachtsgeschenke verschwindet einfach. Ich habe die Theorie, daß sie an die Geschäfte zurückverkauft werden, aus denen sie nächstes Jahr in einer anderen Inkarnation wieder auftauchen.

Es ist, glaube ich, eine anerkannte Tatsache, daß jeder große Laden in einer großen Stadt eine besondere Abteilung fähiger Arbeitsleute hat, deren einzige Pflicht darin besteht, alte Weihnachtsgeschenke in neue Weihnachtsgeschenke einer unterschiedlichen Spezies umzuwandeln.

Sie sind wie clevere Köche, die alles in alles verwandeln können. Sie bekommen die Kombination aus Handtasche, Zigarrenetui und praktischem Nagelnecessaire und bauen sie mit ein paar geschickten Handgriffen zu einer Geldbörse mit einer Vorrichtung zum Melken von Kühen um, welche nächste Saison der letzte Schrei sein wird. Sie nehmen den leicht angeschmutzten kompletten Shakespeare und verpassen ihm eine schöne, glänzende Schicht Glasur.

Hätte ich nur rechtzeitig von ihrer Existenz gewußt, hätte ich sie bestimmt, gegen eine kleine Anerkennung, dazu gekriegt, die Bordeauxkaraffe meiner Tante Charlotte zu einem Paar Tango-Pömps oder irgendwas aufzumöbeln. Mit keiner anderen Theorie läßt sich das totale Verschwinden der letztjährigen Weihnachtsgeschenke erklären. Materie kann nicht zerstört werden: sie kann nur transformiert werden.

Die Bürde des Weihnachtsgeschenkeverschenkens wurde in den letzten Jahren schmerzlich durch die wachsende Raffinesse des modernen Kindes verschlimmert. In der guten, alten Zeit war es möglich, einem Kind so gut wie alles zu schenken und dafür eine Dankbarkeit entgegengebracht zu bekommen, die inzwischen völlig aus der Mode gekommen ist.

Ich weiß noch gut, wie ich mich mit Wärme und echt empfundenem Ernst bei einem Onkel bedankte, dessen alljährliches Geschenk aus einer kleinen Schachtel Pralinen und einer Apfelsine bestand.

Aber beim modernen Kind muß man sich stärker anstrengen. Man muß ein bißchen in die Tasche greifen. Man muß ein paar Scheine von der Rolle ziehen.

Das moderne Kind hat keine Illusionen. Mit dem Weihnachtsmann ist es bei ihm nicht getan.

Es durchschaut einen.

Das moderne Kind wacht am Weihnachtsmorgen auf – ein bißchen spät, weil es bis in den frühen Morgen Foxtrott getanzt hat – und läutet lässig nach Wilberforce, seinem Bediensteten, damit der seine Geschenke auswickelt. Über das silberne Zigarettenetui von Onkel Paul lächelt es höhnisch und gibt es Wilberforce. Ein wenig Aufregung stellt es angesichts Tante Matildas Mitteilung, sie habe ihm ein neues Automobil geschenkt, zur Schau, verfällt aber wieder in verdrossene Düsterkeit, als es die Marke erfährt, weil man inzwischen diese Sorte Auto nicht mehr kauft. Erst als sich herausstellt, daß der liebe, alte Großpapa ihm einen Block *Bethlehem-Steel*-Aktien überschrieben hat, wird es richtig munter. Es weist Wilberforce an, es mit seinem Broker zu verbinden, sobald die Börse wieder arbeitet. Ferner bittet es Wilberforce, Großpapa anzurufen und ihm zu danken.

Dann zieht Wilberforce sich taktvoll zurück. Der junge Mensch zündet sich eine Zigarette an und sinkt matt zurück auf die Kissen.

Ich liebe die alten Weihnachtslieder. Man hört sie heutzutage allzu selten.

Wie voll des Geists von Zuversicht und Trost sie waren. Nur »Alle Jahre wieder« kann ich, glaube ich, nicht leiden.

Deutsch von Harry Rowohlt

RALF SOTSCHECK

Der Trend geht zum Zweitbaum

Es ist auch in Britannien Tradition, zum Weihnachtsfest einen Tannenbaum im Wohnzimmer aufzustellen und ihn mit allerlei Glitzerzeug zu behängen. Es gibt sogar die Zeitschrift *The Christmas Tree Monthly*, die Geheimtips für den letzten Schrei in Sachen Baumschmuck verrät. Die Auflage soll stark schwanken. Daß Königin Charlotte diesen Baumbrauch vor rund 200 Jahren aus Deutschland importiert hat, hängt die Weihnachtsbaumindustrie freilich nicht an die große Glocke, um den nationalbewußten Briten nicht das Fest zu verderben.

Charlotte ließ im 18. Jahrhundert erstmals einen Weihnachtsbaum in Kew Gardens aufstellen, jenen Londoner Gärten, die wegen ihrer viktorianischen Gewächshäuser berühmt sind. Zu Unrecht übrigens – es sind Nachbildungen, weil die Parkverwaltung zu geizig war, die Originalteile restaurieren zu lassen. In diesem Jahr sind auch die Weihnachtsbäume unecht. Tony Kirkham, der für die Pflanzen in Kew Gardens zuständig ist, ließ 40 identische Plastikbäume anfertigen, weil die Natur unfähig ist, Bäume mit so breiten Zweigen zu produzieren, daß 4.000 Kerzen darauf Platz haben. »Es ging nicht um Naturschutz, sondern um den Effekt der Lichter in der

Dunkelheit«, sagt Kirkham. »Nachts sehen die Bäume fantastisch aus.« Nachts sind alle Katzen grau. Er hätte die Lichter genauso gut an Laternenmasten schnallen können, das hätte auch fantastisch ausgesehen.

Dabei lockt Kew Gardens die Weihnachtsbesucher mit »Küssen unter dem Mistelzweig, Kränzen aus Stechpalmen und Efeu sowie Weihnachtsbäumen voller Lametta«. Alles Fake. Da kann man sich ja gleich eine aufblasbare Gummipuppe mitbringen und sie unterm Gummimistelzweig mit Gummi ... na, reden wir von erfreulicheren Dingen.

Es gibt eine andere Weihnachtstradition in Großbritannien: das Klauen von Weihnachtsbäumen. 70 Millionen Stück Nadelhölzer stehen in britischen Wäldern. Da die Dinger aber nur langsam wachsen, ist lediglich ein Bruchteil davon weihnachtsbaumtauglich. Und auf den haben es die Diebe abgesehen. Viele Baumzüchter verbringen den Dezember im Wald, um die Bäume zu bewachen. Es steht viel Geld auf dem Spiel, denn der Trend gehe zum Zweitbaum, glaubt ein Züchter. Manche seiner Kollegen haben Flutlicht im Wald installiert und lassen Gänseherden Wache schieben. Zehn Prozent der Bäume werden dennoch gestohlen.

Der Weihnachtsbaummarkt in Großbritannien ist 150 Millionen Pfund im Jahr wert, sei allerdings sehr saisonabhängig, sagt Roger Hay vom »Verband der britischen Weihnachtsbaumzüchter«. Es ist erstaunlich, für was es alles Verbände gibt. Angeblich soll sich bereits eine »Interessengemeinschaft unabhängiger Plastikweihnachtsbaumkonstrukteure« unter der Schirmherrschaft von Kew Gardens formieren.

MARIE MARCKS

Fast alle Jahre wieder

Der Weihnachtsbaum, mit allem Drum und Dran, war Vaters Sache. Zuerst der Baumkauf an der Ecke Berliner Straße/Kaiserallee, gegenüber dem Filmpalast ATRIUM. Da war ein richtiger Wald aufgebaut, mit riesigen puscheligen Tannen! So eine stand vor dem KaDeWe. Jedesmal hofften wir, meine Schwester Ike und ich, daß unser Baum, wie im richtigen Wald, unten auf dem Fußboden stehen würde, aber vergeblich. Unserer mußte auf dem Tisch stehen. Warum bloß? Und dann auch noch »licht« sein: Sein Stamm sollte zu sehen sein und die einzelnen Zweige, also ein ziemlich mickriges Exemplar.

Alle hatten richtige Weihnachtsbäume, mit roten Kerzen und silbernen und goldenen und roten und blauen Kugeln, die Zweige gepolstert mit Gewölle von Engelshaar, ihre Spitzen von dicken Lamettabüscheln niedergebogen, Zucker- und Schokoladenkringel, Sterne mit winzigen bunten Liebesperlen beklebt und noch viel mehr.

Bei Irmtrauts unter uns wurde sogar noch leise künstlicher Schnee über das Ganze gerieselt. Und bei uns? Da mußte immer nur alles »ess-tee-tisch« sein. Vielleicht stand der Baum deswegen nicht auf der Erde.

Endlich zu Hause angelangt, erwies sich der Tisch wieder mal als zu hoch und die Zimmerdecke als zu niedrig. Der Stamm mußte um einen halben Meter samt der ansehnlichsten Zweige gekürzt werden.

MARIE MARCKS

»Warum, zum Deibel, sind Säge und Beil wieder nicht zur Stelle?«

Als das Ding endlich stand, hieß es: »Gören, raus mit euch!« So konnten wir den Verschönerungsakt nur hören, das reichte allerdings auch, denn wir konnten uns nur zu genau vorstellen, wie Vater im Rausch des kreativen Prozesses aussah.

»WO ist schon wieder der Schmuck?« Der bestand aus edlen, zartgetönten durchsichtigen Glaskugeln und einigen blauen Lamettafäden, natürlich nur weißen Kerzen und ausgeleierten Haltern, in denen, o Gott, manchmal noch die runtergebrannten Reste vom Vorjahr steckten. Mutters beruhigende, etwas genervte Stimme: »Da isses doch, vor deiner Nase!«

Vater: »Kann ja keiner riechen, verdammichnochmal!«

Unter viel Gestampfe und homerischem Gefluche fummelte er die Kerzen in die Halter und klemmte sie an die Zweige. »Stillgestanden, ihr Mistviecher!« Eine kurze Pause zeigte an, daß er mit seinem Werk soweit zufrieden war. Nicht jedoch mit noch anstehenden, dem festlichen Anlaß gebührenden Vorbereitungen: »Ist das Silber geputzt? Mein Anzug fertig? Wo hast du die Glocke wieder hin?« Erst jetzt lief er zu Höchstform auf: »Es ist nicht zu glauben, einfach ungeheuerlich! Dieses Haus ist EIN EINZIGER SAUSTALL – bei uns geht's zu, wie bei den Hottentotten!«

Wenn Mutter doch nur einmal gegengebrüllt hätte.

Es fand sich ja alles, oder war parat, aber das spielte keine Rolle mehr, die Luft war schon raus. Einfach alles zum Kotzen, wie bei den Kalmücken.

Irgendwann war alles fertig. Silber blank, Schuhe geputzt, Hemd, Fliege, Anzug, alles paletti. Nur Tante Käthe fehlte, das heißt, sie fehlte nicht wirklich, aber sie war, wie immer, nicht rechtzeitig da. »Wo bleibt wieder diese Person?«

Die Eltern warteten nun nicht länger. Wir wurden mit der Glocke hineingebimmelt, blieben aber im Türrahmen stehen. Pappi hatte erst »O du fröhliche« aufgelegt und dann »Stihille Nacht« und wir sangen alle mit.

Der Weihnachtsbaum war überwältigend schön und wenn ihn auch – gnadenlos – kein Engelshaar schmückte, so half uns doch der holde Knabe im lockigen Haar über diesen ewig unerfüllt bleibenden Wunsch hinweg. Ich glaube, Vater und Mutter haben sich nach »... schlaf in himmlischer Ru-hu« auch einen Kuß gegeben, aber vielleicht war das auch nur Wunschdenken.

Dann kam Tante Käthe doch noch, wenigstens zum Festessen. Sie hatte bei der Bescherung nicht stören wollen. Kaum saß sie, wandte sie sich an Ike: »Haben dir die lieben Eltern den

Übertritt in die Kolonialschule geschenkt? Nun lernst du Straußeneierkuchen backen und Zebrafelle gerben und beim Schlangenbiß nicht gleich zu sterben und spinnen und weben und bei 50 Grad im Schatten überleben ... und ...« Ike nur: »Nö.« Und Vater: »Ich denke, wir haben keine Kolonien mehr?« Tante Käthe schnappte ein und schwieg.

Dann haute sie mir unvermittelt den Musikantenknochen auf den Tisch, damit ich's mir merke. Dabei war ich an der Kolonialschule gar nicht schuld. Jetzt hatten allesamt 'ne Wut, Tante, Vater, Mutter, Kinder. Aber niemand sagte was, wg. Weih-

nachten. Tante Käthe brach gleich nach dem Essen auf, Vater brachte sie zur Tür und sang dabei ein kleines Lied, das die Geschwister als Kinder selbst gedichtet und vertont hatten:

> Kennt ihr das Lied vom Pepsinin
> er war so tapfer und so kühn
> vom lieben guten Pepsinin, vom Pepsinin
>
> Er schoß viel tausend Löwen tot
> die Tiger litten große Not
> vom lieben guten Pepsinin, vom Pepsinin …

Tante Käthe sang die letzten Zeilen leise mit, und so ging das Zusammentreffen der Geschwister und das stumme Festmahl glimpflich zu Ende. Wir rannten zurück zu den Geschenken und freuten uns und spielten. Gerade als es am schönsten war, rief Mutter: »Kinder, es ist unverantwortlich, es geht schon auf Neun!« Dabei war's erst drei Minuten nach Acht. So spielten wir im Dunkeln unter der Bettdecke weiter.

BERNHARD LASSAHN

Wer war Michelangelo?

Die Oma kennt aber auch alle Strophen. Und gerade dieses Jahr soll es doch eine besondere Überraschung geben. Der Vater hat so was angedeutet. Weihnachten ist die Zeit der Geheimnisse, und keiner ahnt, was der Vater für einen Knüller auf Lager hat. Erst werden die Weihnachtslieder zu Ende gesungen. Außer der Oma singen alle nur

»Lalala«.

Die Geschenkpakete, die unter dem Weihnachtsbaum liegen, sind alle schon identifiziert. Da kann es nicht dabei sein. Aus Form und Größe der Päckchen kann man schon ahnen, was drin ist. Endlich kennt die Oma keine Strophe mehr.

Die Kinder stürzen sich auf die Geschenke und rupfen das Papier runter: Mon Chéri, ein Roboter mit Batterie, zwei Hemden, eine Obstschale, eine Barbie-Anziehpuppe. Die Kinder klatschen in die Hände vor Freude und bedanken sich schnell, damit der Vater endlich mit seiner Überraschung rausrückt.

Der Vater muß lächeln. Er holt aus dem Nebenzimmer ein Päckchen. Auch hier kann man schon aus Form und Größe ahnen, was drin ist. Sieht aus, als wäre ein Telefon verpackt, aber nicht mit Weihnachtspapier und Schleifchen, sondern mit dickem Stoff und vielen Schnüren. Die Kinder klatschen in die Hände vor Freude:

»Ein Telefon! Ein Telefon!«

Die Mutter kann es noch gar nicht fassen. Sie hat sich schon immer ein Telefon gewünscht, aber ... muß das nicht von der Post installiert werden?

Der Vater muß lächeln:

»Das ist kein Telefon. Das ist ein Objekt.«

Die Kinder klatschen in die Hände vor Freude:

»Ein Objekt! Ein Objekt!«

Die Mutter kann es gar nicht mehr fassen.

»Das ist aber nicht schön eingewickelt«, meckert die Oma, die auf so was großen Wert legt. Die Kinder wollen sofort das Objekt auspacken ...

»Halt!« sagt der Vater, »das wird nicht ausgepackt. Das ist nämlich ein echter Christo. Der kommt jetzt in die Vitrine.«

Alle sind ganz still.

Der Vater erklärt stolz:

»Christo ist ein großer amerikanischer Verpackungskünstler. Seine Objekte werden in der ganzen Welt bewundert.« Die Kinder lauschen mit offenen Mündern. »Dieses Kunstwerk hat vierundsechzigtausend Dollar ...«

»Was?« wundert sich die Oma, »das soll Kunst sein?«

»Ja, Oma«, erklärt der Vater, »das ist Avantgarde. Christo hat gesagt: Avantgarde ist die Kunst des Volkes.«

Die Oma ist entrüstet:

»Das hat Christus nie gesagt.« Die Oma singt sofort wieder Weihnachtslieder.

Der Vater ist geduldig. Es ist ja Weihnachten.

»Christo, Oma, mit Oooo; Christo ist ein großer Verhüllungskünstler. Er hat schon so große Dinge verhüllt wie einen ganzen Küstenstreifen in Australien. Auch das Reichstagsgebäude in Berlin ist schon verhüllt worden.«

Jetzt staunen die Kinder aber. Die Oma singt trotzig Weihnachtslieder.

»In allen Kunstakademien spricht man mit großer Hochachtung von Christo«, erklärt der Vater, »er nennt sich nur Christo, ohne Nachnamen, weil Michelangelo auch nur Michelangelo hieß.«

Da ist die Oma still. Sie überlegt, wer Michelangelo war.

»Na siehste, Oma«, sagt der Vater.

GUNTER HANSEN

JENNY ECLAIR

Vorstadt-Weihnacht

Da war auch schon Weihnachten. Das Haus der Metcalfs duftete jetzt nach Zimt und Rum. Es war Tradition, daß Jo ihren eigenen Rosinenkuchen backte, obwohl Nigel sie zum Weinen gebracht hatte, als er bemerkte, der Kuchen sei kein Vergleich zu dem von Sainsbury. Jo nahm die Feiertage sehr ernst. Sie sprühte Zweige und Efeu aus dem Garten mit Silber ein und stellte sie in einer großen Vase auf den Kamin. Sie dekorierte den Spiegel mit Stechpalmenzweigen, aber sie fielen immer wieder herunter. Nie sah etwas so aus, wie sie es sich vorstellte. Sie hatte den Bogen einfach nicht raus.

Beim Krippenspiel im Kindergarten spielte Georgina die Jungfrau Maria. Pandora war der Esel. Jo und Anna saßen nebeneinander. Alle Eltern mußten auf Kinderstühlen sitzen. Jos knarrte jedes Mal, wenn sie sich vorbeugte, um ein Foto von Georgina zu machen, die ziemlich ruppig mit dem Jesuskind umging, ihn an seinen Haaren aus der Wiege zog und auf den Boden fallen ließ, als sie sich am Ende verbeugte. Viele Mütter hatten feuchte Augen. Anna nicht. Sie lieh ihre Taschentücher Jo, die sich schneuzte, bis ihre Nase auf dreifache Größe angeschwollen war.

Joe Public blieb über Weihnachten geschlossen. Maggie flog

in die Karibik, sie war urlaubsreif. Seit Monaten versuchte sie künstliche Befruchtung und nichts passierte.

Anna fuhr zum Einkaufen in die Stadt. Weihnachten war ein guter Vorwand, sich hemmungslos zu verwöhnen. Anna dachte zwar daran, einen Baum zu kaufen – er war über zwei Meter groß –, aber sie vergaß, einen Truthahn zu bestellen und am Heiligabend war Sainsbury ausverkauft. Sie kaufte das größte Huhn, das sie auftreiben konnte, eine Packung Rosenkohl und Truthahnfüllung. Sie hätte einen Lachs-Bagel jederzeit vorgezogen. Jo stellte sich hinter sie in die Schlange. »Der reinste Wahnsinn, nicht wahr? Ich war diese Woche schon viermal hier. Diesmal habe ich die Kastanien vergessen.«

»Ich den Truthahn«, kicherte Anna.

Und so kam es, dass die Cunninghams Weihnachten bei den Metcalfs feierten. Die Harmonie wurde nur durch wenige Ausrutscher getrübt: ein Hieb auf Georginas Hand, weil sie Pandora mit einem Zahnstocher ins Bein gepikst hatte, und ein Klaps auf Pandoras Po, weil sie weinte.

Jo kam den ganzen Tag nicht dazu, die Schürze abzunehmen. Sie war zu beschäftigt damit, Schinken um kleine Cocktailwürstchen zu wickeln und echte Brandybutter zu machen, und ihr Gesicht war so rot wie das eines Hundert-Meter-Hürdenläufers. Nigel hatte ihr einen Tranchierblock gekauft. Anna sagte: »Wenn Chris mir so einen geschenkt hätte, würde ich seinen Kopf drauflegen.« Manche Frauen sind dazu bestimmt, Brotkästen und Bügelbrettbezüge zu bekommen, andere, wie Anna, bekommen kleine, mit blauem Samt ausgelegte Lederetuis mit Diamanten und Perlen. »Reizende Ohrringe«, sagte

Jo, und als sie sich vorneigte, um sie genauer zu betrachten – ihr Kopf groß wie der eines Ponys –, bemerkte Anna die weit geöffneten Poren um ihre Nase. Jo trug keine Schuld daran, so war das eben, wenn man sein Gesicht ständig in kochendheiße Öfen steckte. Jo roch nach Bratensoße und Truthahnmagen, Anna nach Advokat mit einem Hauch Cranberry. (Jo hatte einen großen Krug Sea Breeze gemixt.)

Es war ein guter Tag. Anna war froh, daß sie daran gedacht hatte, Jo eine Tischdecke ihrer Mutter mitzubringen, und daß sie Chris überredet hatte, sein Trumpers Aftershave an Nigel abzutreten. »Du kannst doch nicht mit leeren Händen aufkreuzen.« Henry war außer sich vor Freude über den Fünf-Pfund-Schein und ... nun ja, Georgina würde sich eben mit der überzähligen Ausgabe von *Cinderella* abfinden müssen, die Anna unter Pandoras Bett gefunden hatte. »Ich mag keine Bücher«, maulte die kleine Kuh. »Nur weil du nicht lesen kannst«, hatte ihr älterer Bruder eingeworfen. Anna schenkte Henry ein seltenes Lächeln. Normalerweise ignorierte sie ihn einfach. Ein Jammer, daß sein Ekzem sich wieder verschlimmert hatte.

Als Jo den brennenden Weihnachtspudding hereinbrachte, gab es ein großes Hallo. Während sie ihn abstellte, fiel ihr Papierhut hinein und ging in Flammen auf. »Nimm meinen«, sagte Nigel. Anna trug ebenfalls keinen Papierhut, und so waren sie und Nigel die einzigen, die nicht geistig zurückgeblieben wirkten.

Nachdem sie gegessen hatten, fing Anna Nigel auf dem Treppenabsatz ab und flüsterte ihm etwas ins Ohr. Nigel reichte ihr daraufhin einen winzigen Umschlag, und sie verschwand ins Badezimmer. Die Tür schloß sie sorgfältig hinter sich ab. Es wurde so ein ausgelassener Abend! Nigel holte das »Twister«-Spiel, und er und Anna lachten sich über die bunten Punkte kaputt.

Die Cunninghams gingen nur, weil Georgina »aus Versehen« Pandoras Gesicht in der Schiebetür einklemmte. Es war schon nach elf.

Solche Abende schweißen zusammen: Portwein und Grand Marnier, Anekdoten bei Crackern, Walnüssen und Schokoladenlikör.

Chris fühlte sich ein wenig schuldig, daß er sich so amüsierte, denn seine Mutter hatte beleidigt das Telefon aufgelegt, weil er sie weder eingeladen hatte noch in Wales besuchen kam. »Die Ärmste«, sagte Anna in Festtagsstimmung – Nigel hatte die Drinks sehr großzügig eingegossen. In jener Nacht ließ sie Chris ran. Schließlich war Weihnachten. Ein Jammer, daß sie mittendrin zur Besinnung kam und ihr einfiel, daß er nicht Val Kilmer war.

Deutsch von Juliane Zaubitzer

KLABUND
Bürgerliches Weihnachtsidyll

Was bringt der Weihnachtsmann Emilien?
Ein Strauß von Rosmarin und Lilien.
Sie geht so fleißig auf den Strich.
O Tochter Zions, freue dich!

Doch sieh, was wird sie bleich wie Flieder?
Vom Himmel hoch, da komm ich nieder.
Die Mutter wandelt wie im Traum.
O Tannenbaum! O Tannenbaum!

O Kind, was hast du da gemacht?
Stille Nacht, heilige Nacht.
Leis hat sie ihr ins Ohr gesungen:

Mama, es ist ein Reis entsprungen!
Papa haut ihr die Fresse breit.
O du selige Weihnachtszeit!

KARIN KUSTERER

Der Weihnachts-Test

»Ich hole Sie ab zu Ihrem Weihonachtsgeschenk.«

»Es ist fünf Uhr morgens«, gebe ich zu bedenken. »Außerdem heißt es Weihnacht. Ohne O.«

Der Begleiter wirft sich den Rüssel über die Schulter.

»Verzeihen Sie«, sagt er. »Ich verwechsle das immer mit dem Reihotag der Fibroser, der war vor zwei Wochen. Sie glauben nicht, wie viele Feste ich mir merken muß!«

Breitbeinig steht er da, betrachtet meinen alten Morgenmantel, das Nachthemd, das darunter herauszipfelt, meine ungleichmäßig gewachsenen Zehen.

»Beeilen Sie sich. Sie kriegen einen starken Kaffee.«

Er wartet auf dem Bett, während ich ins Bad gehe, mir sorgfältig die Zähne putze. Ich schaue durchs Schlüsselloch: Er fährt mit dem Rüssel unter Kissen und Decken, schnuppert herum, prustet. Unter der Dusche überlege ich, was ich gestern den Tag über gegessen habe. Fisch und Knoblauch, das ist nicht so gut. Führt möglicherweise zu einem ungünstigen Gesamteindruck. Draußen hinter dem beschlagenen Fenster wird es schon hell, die Stunde der Vögel noch, nicht die meine.

Wir gehen zum Wagen. Der Begleiter hält mir die Tür auf, wartet geduldig; er ist korrekt. Sein Rüssel hängt parallel zum Schlips.

Eigentlich müßte ich dankbar sein für diese Chance. Sie ist wirklich ein Geschenk, ich wußte nicht, daß ich auf der Warteliste schon so weit nach oben gerückt war. Ein gutes Test-Ergebnis erleichtert vieles. Die Karriere, die Partnerauswahl. Die Kinderzuteilung, auch wenn ich im Moment noch keine Kinder will.

Aber mir zittern die Knie.

Der Raum ist geschmückt mit solanischen Kakteen, an denen Christbaumkugeln und eine Art Lebkuchendinos hängen. An einer der Wände ein großes Plakat: *Fröhliche Weihe-Nacht. Wir wünschen Ihnen Glück zu Ihrem Test!* Darunter sitzt die Jury an einem halbrunden Tisch. Acht ältere Männer, zwei Hermaphroditen und eine Frau. Der Vorsitzende hält seine Rede. Er scheint sie nicht an mich zu richten, sondern an sich selbst; die Jury nickt mit den Köpfen.

»Nichts offenbart den Charakter eines Lebewesens so sehr, wie sein Verhalten in peinlichen Situationen«, sagt der Vorsitzende. Ich weiß schon alles. Im Fach »Intergalaktische Kulturgeschichte der Peinlichkeiten« hatte ich immer gute Noten.

Mir ist so vieles peinlich. Ich erinnere mich:

Mein Freund Sonkil im Stadion. Das war an Ostern. Sehr viele Menschen zwischen den Lomnerianern. Ich schaute durch das Fernglas. Sonkil blinzelte in die Sonne, während er auf den Startschuß wartete. Seine Partnerin hielt die Augen geschlossen. Fünfhundert Paare liegen dort unten auf dem Rasen, sagte die Stimme des Stadionsprechers. Einzelne Paare erschienen ins Riesenhafte vergrößert auf dem Monitor. Der Sprecher erwähnte die Favoriten; Sonkil war dabei. Über Lautsprecher erfuhr ich von früheren Verletzungen der Athleten durch zu hartes Training. Dokumentarische Großaufnahmen einzelner Körperteile wurden gezeigt. Die lomnerischen Geschlechtsorgane sind lila. Im Erregungszustand werden sie blau.

Da krachte der Schuß. Von oben erschienen mir die Bewegungen der Paare wie Wellen über dem Sand des Stadions.

Sonkil und seine Partnerin gewannen den Marathon. Erschöpfte und verletzte Paare wurden hinausgetragen.

Mir war das alles peinlich. Sonkil empfand anders: Er schämte sich erst, als das Ergebnis des Dopingtests vorlag und herauskam, daß Sonkil betrogen hatte.

»Niemals wird sich zum Beispiel ein Zwarp beim Reinigen seiner fünf Ohren beobachten lassen.« Auch das weiß ich, Herr Vorsitzender. Und ich weiß, was mich erwartet. Fangen wir endlich an.

Der Vorsitzende blickt in die Runde. Ich zähle die Füße unter dem erhöhten Tisch. Plötzlich vibriert der Boden. Der Planet bäumt sich auf, denke ich, will uns loswerden. Uns endlich abstoßen als fremdes Gewebe auf seiner Haut. Das Wasserglas des Vorsitzenden bewegt sich bebend über die Tischoberfläche. Er greift danach, trinkt mit harten Schlucken. Als er es abstellt, ist alles ruhig. Er spricht weiter. Selbstbewußtsein, moralische Stärke, sagt er. Alltägliche, völlig normale Verrichtungen. Und: Haben Sie keine Angst.

Die Kameras sind auf mich gerichtet. Man bringt den Kaffee. Eine schillernde Fettschicht schwimmt auf dem Gebräu. Ich stürze es hinunter. Dann wird das gläserne Klo gebracht.

Kameras über mir, unter mir, um mich herum. Ein Chor singt: *Heute, Kinder, wird's was geben.* Die Hermaphroditen diskutieren, ob ich wohl zuerst uriniere. Fünfundneunzig Prozent meiner Spezies urinieren vor dem Stuhlgang, erfahre ich. Vier Prozent sind zwanghaft, ein Prozent krank. Ich schaue hoch zur Decke, die aus einem riesigen Monitor besteht. Sehe darin meine Hände, die die Hose öffnen. Noch erkenne ich Zustimmung in den Gesichtern der Jury.

Ich habe den Stuhlentleerungstest nicht bestanden. Die Jury erkannte eine gewisse Zögerlichkeit in meinem Verhalten. Wieder und wieder spielen sie mir das Videoband vor, schalten auf Zeitlupe und Standbild an den kritischen Stellen. Mängel im natürlichen spontanen Verhalten werfen sie mir vor. Sie haben recht. Ich muß noch an mir arbeiten. Jetzt rächt sich, daß ich keines der teuren Stuhlentleerungstest-Vorbereitungsseminare besucht habe, die die Jurymitglieder anbieten.

Ich hoffe auf nächstes Weihnachten.

Eine koloniale Weihnacht

Ich werde den Ort mal Tahi Panas nennen. Die wörtliche Übersetzung des Namens ist unanständig, wird aber allgemein zur Beschreibung von Hitzepocken verwandt. Zu dieser tropischen Weihnachtszeit gab es keine Hitzepocken, denn der Monsun hatte zugeschlagen, und alle Straßen standen unter Wasser. Autos lungerten, mit abgesoffenem Getriebe, nutzlos herum. Es schien kühl genug für Truthahn mit Pudding und Brandy-Sauce.

Ich hatte herkömmliche Weihnachtslieder mit neuem Text versehen, z. B.

Alle Jahre wieder
Verlangen wir Bestechungsgeld,
Taukeys, Seifensie-hie-der
Verteuern diese unsre Welt.
Korrumpiert uns, schmiert uns;
Der Lohn des Lohns ist Lohn,
Und am Ende zie-hiert uns
Ei-heine Mords-Pension.

Ein Taukey ist ein chinesischer Chef; die gedachten Sänger des Weihnachtsliedes mußte man sich als korrupte, mithin mythische Beamte der Straßenbaubehörde vorstellen. Für die Söhne des Islam gab es ein weiteres Weihnachtslied:

Moslems erwacht!
Ein neuer Tag ist da
Mit Whisky, Stout und BGA.
Groß ist das Gesetz,
Das der Prophet uns lehrt:
Wer ohne lebt, lebt jetzt
Und künftig nicht verkehrt.
Das Mittagessen ist schon kalt?
Jetzt nicht meckern und nicht motzen.
Die alte Frau war eh zu alt.
'ne neue her, wär' doch gelacht:
Nicht kleckern, sondern klotzen.

Wobei BGA natürlich Brandy mit Ginger Ale ist, ein beliebtes Getränk bei den totalabstinenten Mohammedanern. Diese Weihnachtslieder, sowie die anderen, die ich geschrieben habe, scheinen, was Weihnachten betrifft, bei mir auf einen gewissen Zynismus hinzudeuten. Aber wenn der Muezzin bekannt gab, daß es keinen Gott außer Allah gibt und der erste Weihnachtstag begonnen hatte, entfaltete sich der alte Zauber. Friede auf Erden und der ganze Kram. Die Rede der Königin, von Geknister und Geknacke untermalt, auf die man sich freuen konnte. Tränen um verlorene Unschuld.

Für Moslams ist das Christfest kein weiterer unverständlicher Import des weißen Mannes. Jesus Christus war einer der Propheten, die Mohammed vorangegangen waren, und sein Name – Nabi Issa – wird genauso verehrt wie Nabi Adam, Nabi Ibrahim und andere Patriarchen, welche die beiden Religionen gemeinsam haben – vielleicht sogar noch mehr als Nabi Lot, der Schutzheilige der Homosexuellen. Also sind die Moslems froh, zusammen mit den Christen zu feiern – ohne Schweinefleisch, weil das *haram* ist, aber mit ganz viel Alkohol, der zwar auch *haram* ist, aber nicht ganz so sehr, ist »Alkohol« doch ein heiliges Wort, da es arabisch ist. Von Christen wurde erwartet, daß sie freudig moslemischen Besuch empfingen, sogar Fremde, und die Besuche konnten bereits im Morgengrauen beginnen. Der wütende Kater von der Heiligabend-Party im Club sollte tunlichst diskret ignoriert werden. Hindus und Animisten durften ebenfalls kommen.

Mein erster Weihnachtsbesuch (7:00 Uhr) waren ein tamilischer Ingenieur und ein intellektueller Schwarzer Magier im Range eines *magister templi.* Er war schon lange darauf scharf gewesen, irgendwas in meinem Haus zu trinken zu bekommen, weil er dadurch Zauberkräfte über mich erlangte. Er nahm ein Glas Wasser. Aber zu Weihnachten konnte mir nichts passieren. Dann kam eine der örtlichen Prostituierten und wollte Cherry Brandy. Dann kamen ein Hadschi und seine Frau und tranken alles, was es gab. Dann kam ein kleiner Elektriker, dessen Blut niederländische, indonesische, chinesische und portugiesische Korpuskeln enthielt. Er schaffte bei einer Sitzung eine ganze Flasche Bénédictine. Der Hadschi bezeichnete die Prostituierte hochtrabend als Prostituierte, die Prostituierte deutete an, die Frau des Hadschis sei Ehebrecherin, und der Hadschi übergab sich in einen Aschenbecher. Der Magier sagte gar nichts, sondern knipste seinen Schatten aus – ein unter Schwarzen Magiern sehr verbreiteter Trick von übler Vorbedeutung. Um elf mußte ich alle rausschmeißen, weil ich bei meinem Boss zur Einnahme von Weihnachtsgetränken erwartet wurde. Der Hadschi zieh mich rassistischer Vorurteile (ein Weißer hatte ihn geheißen, sein Haus zu verlassen), und die Prostituierte offerierte im Flüsterton einen Gratis-Quicky und war dann beleidigt, weil ich ihr Angebot nicht annehmen wollte. Der Elektriker sagte, alle Religion sei der letzte Mumpitz und warf dem Magier übernatürliche Praktiken vor – welche, wie jederman wußte, Karl Marx verboten hatte.

Als ich mich dem Herrenhaus meines Bosses näherte, sah ich, wie kleine Kinder im Vollrausch davongetragen wurden. Es war in den Tropen immer schon Sitte, Trinkwasser im Kühlschrank in gebrauchten Ginflaschen aufzubewahren. Man hatte den Kindern Orangensirup mit Wasser gereicht, die Kinder hatten sich beschwert, es schmecke eklig, Mammi, und sie waren ermahnt worden, sich nicht bei anderen Leuten wie sonstwas aufzuführen, schon gar nicht am Weihnachtsmorgen. Natürlich hatte eine noch nicht entschärfte Flasche Gin ihren Weg in den Kühlschrank gefunden. Diese Kinder mußten mit ihrem Festessen bis zwei Tage nach dem zweiten Weihnachtsfeiertag warten.

Zu meinem eigenen Festessen wurde ich in eine andere

Stadt eingeladen. Damals verband keine Straße Tahi Panas mit dieser Stadt, und es war nötig, mit einem Land-Rover die Küste entlangzufahren. Zuerst mußte man eine Fluttabelle konsultieren, aber etwas ging schief, oder der Monsun hatte alles durcheinandergebracht oder was, denn als wir gerade den Punkt passiert hatten, von dem es kein Zurück mehr gab, ersoff das Getriebe des Land-Rovers und wurde nachhaltig von den Wogen des Chinesischen Meers umspült (welches laut Miltons Ode »An den Weihnachtsmorgen« sich an jenem Tage, zusammen mit allen anderen Meeren, still verhalten sollte, aber Milton, Nabi Milton, war noch nie ein großer Prophet gewesen). Ich stand bis zur Hüfte in lauwarmem Wasser und schrie um Hilfe. Ich wollte nicht in Richtung der weit entfernten Palmen schwimmen, denn Krokodile – die normalerweise von den jungen Affen lebten, die es hier im Überfluß gab – waren bereits zu ihrem Festessen aufgebrochen – zu mir. Man konnte nur den halb versunkenen Land-Rover besteigen und ihnen auf die aufdringlichen Schnauzen treten. Dank Nabi Issa war ich betrunken. Außerdem war ich ein Glückspilz, denn ein Fischer-*prahu* las mich auf und setzte mich, doppelt durchnäßt, an einem Kai ab, nicht weit von der Herberge der Stadt, wo mein Festessen längst vorüber war.

Ich betrat tropfend die Herberge und stellte fest, daß hier ein Kostümball stattfand. An die Bar gelangte ich nicht, weil die Kostüme preisgekrönt werden sollten und die Konkurrenten sich im Kreis bewegten, in den ich mich einreihen mußte. Ich bekam den Dritten Preis als Schiffbrüchiger, und man gratulierte mir zum schmerzlichen Realismus meines Aufzugs. Dann fing ich an zu trinken.

In jener Nacht war in Tahi Panas, wie ich hörte, der gemischtrassische Elektriker mit einem *parang* Amok gelaufen. Der Verfall des Gewölbes der neuen Moschee setzte sich fort – das hatte was mit den sinkenden Temperaturen zu tun –, Teile der Goldhaut blätterten ab und fielen auf die Erde, um die Fischersleute und Reisbauern zu überzeugen, daß Nabi Issa kein gewöhnlicher Prophet war. Ein Rudel verwilderter Hunde stahl einen Truthahn, und es gab einen Riesenkampf mit einem rivalisierenden Rudel. In den Kneipen ging man mit zerbrochenen Flaschen aufeinander los. Verspätet brachte ich ein letztes Weihnachtslied hervor:

> Stille Nacht, tropische Nacht,
> Wildhund heult, Sandfloh lacht.
> Manche woll'n manchen noch ganz schnell verhau'n,
> Andere schlafen mit wildfremden Frau'n.
> Ihre Kuppel verliert die Moschee-hee.
> Ich geh' jetzt nach Haus', tschüs, ade.

Die Rede der Königin habe ich nie zu hören bekommen, aber die hatte ich bereits im Vorjahr gehört.

Was genau *ist* übrigens ein Getriebe?

Deutsch von Harry Rowohlt

F. W. BERNSTEIN

Schneemannslos

F.W. BERNSTEIN

SCHNEEMANNSLOS II

SCHNEEMANNSLOS III

SCHNEEMANNSLOS IV
FRÜHLINGS ERWACHEN
FWB

SCHNEEMANNSLOS V
FREEZE!
FWB

THOMAS KAPIELSKI

Den Wein achten

24.12.99. Den Wein achten! O ja! Daher tranken wir, als junge Menschen noch, mit gehäckselten Südfrüchten verfeinerte Tütenglühweine zu Weihnachten. O je!

Nun aber trinken wir, der engste Familienkreis, Vater, Mutter und Sohn, Weihnachten Bier auf törichte, nämlich diese Art: Wir kaufen jene Zehn-Liter-Partyfäßchen (vulgo: Dosen) im Getränkegroßmarkt, benutzen aber keinesfalls diese extra noch mal Kosten verursachende, aber ganz unfähige Plastikzapfe, sondern öffnen die Leichtmetallfässer mit unserem an der Wand befestigten, elektrischen Dosenöffner; man muß eben nur sehr darauf achten, daß die bombastische Bierdose am Ende einer elektrischen Aufschlitzungsrunde nicht nach unten wegsackt; ist schon öfter passiert (alle Menschen, außer Damen, sind mangelhaft!) und man wischt dann den halben Heiligen Abend lang Bier auf und zankt über das üblich Maß hinaus um jedes darüber hinaus neu einbrechende Übel wie geisteskrank. Nein!

Also Hilfestellung einnehmen und die Großdose schön von unten mit etwas Küchenkrepp, ›Zewa-Wisch-und-weg!‹ oder Küchenhandtuch sichern! Beim dritten Mal klappt alles hervorragend und beim dritten Mal ist auch schon alles fertig:

Drei oben offene Trinkgefäße: Eine Superdose Hasseröder Premiumpils light für die Mama, eine Superdose Berliner Kindl Malz für den Erstgeborenen, Schnulzenputzi, und eine besonders humpige Dickdose entweder Wolters brut oder Urkrostitzer Doppelbock für mich (ego et pater unum sumus).

Und nun kommt's, der Knüller, meine Erfindung: Ich hole im Baumarkt vorher zweimal drei schlichte, hölzerne Schubladengriffe und klebe diese mit Sekundenkleber (hält hervorragend!) seitlich an die Dosen, so daß wir nach alter Sitte Brauchtum pflegen und mit drei richtigen Superhumpen im Kerzenscheine umeinander stehen und die Gigaseidel mit Schmackes aufeinanderzuprosten lassen, um derart den Gipfel des Festes, die schöne Bescherung, festlich zu erklimmen. In der Woche zuvor sind der Schnulzenputzi und ich aber schon nach Würmse, Kreis Banse, in die Lüneburger Heide gereist, wo der tüchtige Sohn meines alten Arbeitskollegen Günter Bause Gänse in korrekter Weise auf Wiesen mästet. Diese sind aber beizeiten, in den Stunden unmittelbar vor unserer Ankunft bereits geschlachtet und hängen in der Kühlhalle, wo wir handelseinig einige Schnäpse einnehmen, nachdem wir eine mit dem Zollstock ausgesucht haben (zu oft kaufte man törichte Tiere, die nicht in den Ofen paßten), und dann gucken wir noch eine Weile zu, wie riesige Kübel mit Schlachtabfällen, also eigentlich nur die Köpfe und Beine der Gänse, an die Schweine verfüttert werden. Es scheint ihnen ein Festschmaus zu sein, grinsend zerknurpseln sie die knorpeligen Gänsereste, was in summa ein eigentümlich Geräusch macht, etwa so, wie wenn zwölf Personen Schweineohren mit

Möhreneintopf essen und zufällig alle gemeinsam gerade die leckeren Ohrenknorpel knurpseln. (In China hat man Beizen, Marinaden und Weichmacher entwickelt, die während zweier Wochen selbst Entenfüße kauweich und lecker machen.)

Zurück in unsere Wohnstube: Der Baum nadelt und brennt, aber die Bescherung ist glimpflich abgelaufen. Geschenke abladen: Sohnemann wurde mit ›Playstation‹ und ›Ninja‹-Burg ruhiggestellt, zählt gerade seine ›Gogos‹.

Besitzt davon 124 hübsche Stücke. Sind so Plastiktrüffel von lupenkleiner Niedlichkeit, 3,5 Gramm, 2,5 cm hoch, viel Formen, viel Farben, ein taxinomisch, genealogisch ausgeklügeltes Subsystem. Vier Stück kosten bunt verpackt zwei Mark. (Und auf solch eine Fabrikantenidee muß man kommen!) Nun besitzt Sohni für 62 Mark ein knappes Pfund Gegenstände aus Plastik. (Und ich möchte wissen, woher er die Münze dazu hat?) Ein wahrer Herr Simsalabimsel! Und er bescheißt draußen, auf für mich sehr hoffnungsfrohe Weise, tüchtig die Fremdjören. Der zwölfköpfigen Bubu-Familie zockt er das Sozi ab und trägt es heim in die schwer arbeitende Inländerfamilie. Papa stolz! Denn: Papa ist big Steuerzahlonkel! (Mißgunst!) Ansonsten gilt für Plastiktrüffel gleiches, wie für Teletubbies: Kurzer, bunter Hagel. (Schmilzt schnell weg.)

Dennoch: Gelebte Utopie an Geld! Was beim Gesellen Silvio, dem anarchistischen Freigeld-Zinstheoretiker, und beim Papenfuß, Dichter und Wirt, im Prenzlauer Berg mit dem Knochengeld nicht so richtig geklappt hat, das läuft hier wie geschmiert ums Haus herum: die Jören haben die Gogo-Währung! Funktionstüchtiges Kindergeld. Geht flinker als der Euro. Da rechnen die um: Papas Füller mit Platinspitzchen bringt 12 Gogos. Mamas enteignete güldene Visa-Card = 34 Gogos; gesperrt = 10. (Ich trage also Hoffnung, daß der Junge wider das Übel der Jugend, wohl ein gut entwickeltes Preisgefühl, aber kein Gefühl für Wert zu besitzen, gefeit ist. Er handhabt das Gemenge aus Wertkonservativität und Modernität überhaupt sehr virtuos; heute etwa erklärte er seiner Mutter, es sei ihm egal, ob sie Mann oder Frau sei, Hauptsache, sie sei seine Mama!)

Also: Schnulzenputzi heult nicht, sitzt in Bergen zerknüllten Weihnachtspapiers und taxiert Pokémonkarten und Gogos auf ominöse Tauschwerte hin. Ich tradiere derweil das Wissen der Alten: »Junge, bei Halma gibt's keine Elfmeter!« Dazu betrachte ich anerkennend die aufgerollte Weltraumtapete. Enorm! – Zwei Meter Rauhfaser mit Sternen, Ufos, Hexenbesen, Raumschiffen und »Dunkler Materie« (sic!) versehen. Große Feststimmung!

(Also: Hefe-Rufe nach ›Erdinger‹! Ich brannte vor Durst im Scheine der Lichter und senkte mir hinter den Kulissen, bei Küchenverrichtungen, eben einige sentimentale Fläschchen Rotwein ins Gemüt. Dazu durfte ich, meinerseits natürlich nur, ausnahmsweise auch ein paar Kurze zuppen (drei Gänsefettzermalmer der Firma Underberg). Der Transport der relativ schweren Biere in ausreichender Menge für diesen Katarakt an Feiertagen bleibt ja nun mal leider bis auf die traditionellen Großdosen ausgeschlossen. Aber, bittebitte, Weihnachten halte ich nicht anders aus! Versteht das denn keiner!?) Nein: Frau wünscht mit furchtbarem Redefluß doofen Mann nüchtern, will plötzlich kein besoffenes Genie mehr. Und sagt nun auch gar nichts mehr. Ich strafte durch Schenken von Stofftier in Präsentei zu Weihnachten und Schmollen an Bettkante, dabei bin ich ja auch längst schon kein grunzender Deckfredi mehr! Mit 48. – Obwohl ...! Dann versöhnliches Gänsebratenkauen; die Gans ist au point (diesmal kein Schmorklumpen!) und die Gans ist für mich mit Äpfeln, für Mutti mit Kastanien und für Schnulzenputzi mit Cocktailwürstchen und Smarties gefüllt (gleiches Recht für alle!), der Grünkohl ist nach altem Brauch in reichlich zwei Großohm Gänsefett mit Zwiebel »zwei mal zwei plus viermal« aufgewärmt, dem Vater seine »Spezialklöße mit Estragon« dampfen handballgroß in Kruken aus Speckstein und der Vater (vulgo: icke och) hat bereits die anderen drei Humpen mit den anderen drei Griffen beklebt, und dann essen wir die Gans immer schon am 24. Dezember abends, weil man an den folgenden Tagen seine Ruhe hat und bis Silvester ungestört Fernsehen gucken kann.

Sollte aber die zweite Lage Superseidel nicht genügen, stehen zur Not noch etliche Kartons Rotwein bereit, und eine Sechserpalette Tütenglühwein steht, wenn alle Stricke reißen, auch zur Verfügung.

Also alles gut: Sippe hockt im Kral um gebrannte Opfertierreste, glotzt anteilnehmend ins Fern- und Kerzenlicht, verdaut. Ich darf einen Schnaps! Dann hockt sich jeder in sein Eckchen.

Erkläre Sohni nach Nikolaus die Dreiheiligkeit wie folgt: Kreismittelpunkt: Gott. Radius: Jesus. Peripherie: Hl. Geist.

SHEL SILVERSTEIN

Der Weihnachtshund

Heut ist der 24. 12.,
Als Wachhund mein erster Tag,
Vergangen bereits bis zur Hölfte;
Mal sehn, was der Rest bringen mag.

Was ist *das* denn, Lärm auf dem Dach?
Katze? Nein, Einbrecher? Kenner
Hören den Unterschied raus. Krach
Im Kamin? –: Ein bärtiger Penner!
Und die größte Sauerei:
Er hat einen Sack dabei!

Ich belle, ich knurre, ich beiß ihm ins Bein.
Er schreit, springt zurück in den Schlitten.
Diese komischen Viecher kriegen auch noch fein
Was ab. Da hilft kein Bitten.

Jetzt ist das Haus wieder friedlich und still.
Der Platz vor dem Christbaum ist leer.
Wenn Herrchen mich morgen belohnen will –
Verdient hätt ich's jedenfalls sehr.

Nachdichtung von Harry Rowohlt

Zeichnung von Shel Silverstein

M. A. NUMMINEN

Der Weihnachtsmann schlägt zurück

(Prosa aus dem Polarkreis)

Einleitung

Zu aller Zeit der Kinder Freund, zahlloser Frauen unkeuscher Traum, Macho-Muster manchen Mannes – der Weihnachtsmann heißt mit seinem korrekt aus dem Finnischen übersetzten bürgerlichen Namen Jul Bock und wohnt, wie jedermann weiß, im Korvatunturi, dem Ohren-Fjell.

Doch ist diese Bergregion lediglich die Privatwohnung; die Postanschrift des Bärtigen lautet: 96930 POLARKREIS, Finnland; dort ist seine Wirkungsstätte. Sämtliche Einlassungen bezüglich nachfolgender Enthüllungsgeschichte richte man unbesorgt an diese Adresse. Der Verfasser übernimmt keine Haftung. Was hier nach bestem Wissen und Gewissen berichtet wird, hat sich vor etlichen Jahren in Göttingen zugetragen, im Hause eines deutschen Paares, Adam und Eva, am Namenstag der beiden, dem Weihnachtsabend.

Herr Bock, der Weihnachtsmann, war wie immer rechtzeitig vom Ohren-Fjell aufgebrochen, um am Weihnachtsabend überall pünktlich anzukommen. Zur Erhöhung der Reisegeschwindigkeit hatte er Rentierwechsel in Helsinki und Königsberg bestellt. Da Rentiere an letzterem Orte von der Natur nicht vorgesehen sind, hatte Jul in seiner großen Weisheit einen Kampfhubschrauber gemietet, mit welchem eines der tapferen Tiere aus Lappland herbeigeschafft worden war. Die Einrichtung des Rentierwechsels hatte sich im Laufe der Jahre als ebenso praktisch erwiesen wie das Verfahren, welches erlaubt, ein Mobiltelefon zu benutzen.

Den Schlitten hatte Jul mit einer Schlupfsteigerungsvorrichtung versehen, die dem Kurvenausbruchverhinderungssystem von Automobilen diametral entgegengesetzt arbeitet: Während dieses dafür sorgt, daß der Wagen auch in problematischen Biegungen nicht von der Fahrbahn schlittert, macht jene geniale Erfindung von Jul Bock sich die zentrifugalen Kräfte geschwindigkeitssteigernd zunutze.

Freie Fahrt für frischen Geist, zumal wenn Schreitrunk *Kilju*, selbstgebraut, ihn speist.

1. Der Weihnachtsmann und die Alkoholmißbrauchsunterstellung

Seinen Test-Fusel stellt Bock im fünfundfünfzigsten Zimmer des Ohren-Fjells her. Zu diesem Raum ist den EU-Behörden der Zutritt verboten. So lassen sich direktivistische Eingriffe unterbinden, die bereits einer Vielzahl tüchtiger Unternehmer in Finnland wie in anderen Mitgliedsländern der Union zum Verhängnis geworden sind. (Schon so mancher auf die *Kilju*-Brau- und *Pontikka*-Brennkultur angesetzte V-Mann ging im Papierkrieg unter und wurde für Tage ins Loch gesteckt.)

Die Polizei in Finnland liegt während der Zeit, da der Weihnachtsmann aufbricht, mit extra wachem Auge auf der Lauer, rechnet sie doch mit einer saftigen Trunkenheit-am-Steuer-Ausbeute. Seit Jahren schon versucht sie, Jul Bock wegen Trunkenheit am Schlittenzügel zu fassen zu kriegen, doch ist bisher kein Fahrzeug entwickelt worden, das es mit dem Affenzahn des Weihnachtsrentiers aufnimmt.

Rechnen Sie selbst nach und teilen die Stunden des 24. Dezember durch die Zahl allein der deutschsprachigen Familien in Europa. Es ist einfach unmöglich, Jul in flagranti zu erwischen!

Jul Bock verfügt über ein zweites Mittel, und zwar eine Medizin namens Nervus rerum. Wenn man, im Falle ein amtlicher Vertreter West an, zu dieser greift, wie Jul damals, als er gerade vom Schlitten gestiegen und dabei ist, seine Gulden und Gaben an die lieben Kleinen zu bringen – schwupps, und alle Probleme sind erledigt!

An der Rentierwechselstation von Königsberg hat Jul es normalerweise so ungeheuer eilig, daß es nicht mehr zur Abgabe der Urinprobe reicht, wie sie von anderen Sportlern bedauerlicherweise so häufig gefordert werden muß. Obwohl er das aus der Formel eins bekannte Verfahren praktiziert (vier

Wichtel als Reifenwechsler, einer zum Betanken, einer zur Wartung des Motors usw. – alles natürlich übertragen auf die Rentiermechanik und an diese angepaßt) – für Tests bleibt einfach keine Zeit, mag er die Regeln des Internationalen Olympischen Komitees noch so respektieren.

2. *Weihnachtsmann nüchtern*

Jul hat noch ein zweites, ganz besonders geheimes Verfahren, das auch wir an dieser Stelle nicht offenbaren können. Nur soviel: Der Weihnachtsmann wirft immer, kurz bevor er bei einer Geschenke harrenden Familie eintritt, eine Pille ein, die wie eine Kalktablette aussieht, was ihn auf der Stelle stocknüchtern macht. Dann kann er unbesorgt das biedermeiermöblierte Haus betreten und rund um den Tannenbaum sowohl die links- wie die rechtsgerichteten Kinder unparteiisch und entsprechend der Begabung eines jeden mit seinen Gaben begaben.

(Die Kinder wählen Jul im allgemeinen zum beliebtesten Star des Abends und geben ihm eine neckische Statuette, wie man sie von der Stefan-Raab-Show her kennt.)

Besonders alleinerziehende Mütter entzückt ein nüchterner Weihnachtsmann, nachdem der in der Zeitungsanzeige als alkoholfrei angepriesene Vize-Weihnachtsmann – er kommt im Anschluß an den richtigen – sich in der Realität immer wieder als alles mögliche erwiesen hat, nur nicht als zu potentieller Steigerung fähig.

Die Via-Baltica-Autopiste wäre natürlich der vernünftigste und schnellste Weg, aber aus ideologischen Gründen ist ein Stopp in Königsberg angebracht. Wie es aussieht, ist Jul Bock mit dem Gedankengut Immanuel Kants vertraut, von dem ihm jedoch in der Weihnachtsabendhektik nicht mehr einfällt, als daß der Philosoph Wert legt auf das *Ding an sich*.

Königsberg, tatsächlich heißt es heute Kaliningrad, ist wieder mal weihnachtslos, wie überhaupt die ganze ehemalige Sowjetunion. Hier wie im sonstigen Rußland besteht man darauf, daß es der Silvesterabend ist, der zählt. Dann kommt nämlich Väterchen Frost mit seinen Geschenken.

Jul Bock ist jahrhundertelang im Geist des Kapitalismus erzogen worden und erwähnt schon mal in einer Nebenbemerkung das bekannteste Werk des Soziologen Max Weber – »Die protestantische Ethik und der Geist des Kapitalismus«. Väterchen Frost versucht sich dann immer mit einer marxistisch angehauchten Variante zu profilieren: »Die proletarische Mimik und die Gleichheit des Sozialismus«.

Deshalb also und in gegenspionagemäßiger Absicht wurde Königsberg/Kaliningrad zur Rentierwechselstation erkoren. Worauf es in der Marktwirtschaft ankommt, ist Schnelligkeit, und die Operation Rentierwechsel ist dafür ein hervorragendes Beispiel.

3. Sprachwissenschaft und Physik

Da er es so wahnsinnig eilig hat, ist der Weihnachtsmann gezwungen, bei der Durchreise durch Litauen die Route über Vilna (Vilnius) zu nehmen, auch wenn sprachwissenschaftlich Kaunas, die frühere Hauptstadt, bemerkenswert wäre. Der Name erinnert nämlich an das finnische Wort *kaunis*, das vom frühgermanischen *skauniz* stammt, welches dem heutigen deutschen Wort *schon* zugrunde liegt.

Gepfiffen auf die Sprachwissenschaft, schließlich warten Millionen leuchtender Augen auf den einzig richtigen Mann im roten Rock, die Mütter warten auf ihren Bock und die Väter beim Becher auf einen weiteren Zecher. Jul bringt die Voraussetzungen mit, allen Erwartungen zu entsprechen: Er ist seit Jahrhunderten genötigt, sich den wechselnden Modeerscheinungen anzupassen. Bei Bedarf kann er einen Personalausweis hervorziehen, auf dem er mit Hörnern, grauem Mantel sowie Haaren da und dort ausgestattet ist. Gütesiegel tierischer Kraft.

In der Schule lernen wir, daß $e=mc^2$, bzw. Energie gleich dem Quadrat von Masse mal Lichtgeschwindigkeit ist. Die Gesetze der Physik gelten nicht für den Weihnachtsmann, sowenig wie die der Moral. Auch wäre es unsinnig, wollte man versuchen zu verstehen, wie ein einziges Wesen alle in es gesetzten Erwartungen erfüllen kann.

Im Handumdrehen hat er sämtliche rechtgläubigen Heime von Litauen und Polen abgearbeitet, und schon befindet er sich auf den deutschen Autobahnen, wo es keine Geschwindigkeitsbegrenzung gibt. Sechsspurige Pisten haben es Jul Bock angetan, da kann sein Renn-Ren unter Einsatz der Schlupfsteigerungsvorrichtung links an Mercedessen und Beemween vorbeiziehen, wenn die mit zweihundert Sachen unterwegs sind.

4. Unterdessen in Göttingen

Die Eheleute Adam und Eva sowie ihre Zwillingssöhne Kain und Abel bereiteten sich auf Weihnachten vor, dem, vor allem aus Sicht der Kinder, wichtigsten Fest des Jahres. Eva, von Beruf Hausfrau, hatte zeitig die vielfältigsten Köstlichkeiten zubereitet, als da wären Pute, Schinken, Karpfen, Lachs, Eisbein, Wildbret, Erbsen, Bohnen, rote Rüben, gelbe Rüben, schwarze Rüben sowie ungezählte Fertiggerichte. Hin und wieder erkundigten sich die Kleinen bei der Mutter, was der Weihnachtsmann bei ihnen essen würde. Eva wußte das nicht so genau, aber sie hatte gehört, daß man in Lappland, wo der Weihnachtsmann herkommt, Rentier ißt.

»Ißt der Weihnachtsmann sein eigenes Rentier?« wollte Kain wissen.

»Natürlich nicht«, sagte Eva. »Dann könnte er doch nicht mehr weiterreisen.«

»Vielleicht hat er ein Reise- und ein Speiserentier dabei!« schlug Bruder Abel vor.

»Nein! Der Weihnachtsmann hat bei uns immer dasselbe

gegessen wie wir. Aber ihr seid noch so klein, daß ihr euch nicht erinnert, was letztes Jahr war«, beruhigte Eva die Kinder.

»Schläft der Weihnachtsmann bei uns, wenn er die Geschenke verteilt hat?« fragte Kain.

»Aber nein, das schafft er auf keinen Fall, wo er doch nach uns noch so viele andere Besuche machen muß«, erklärte die Mutter, worauf Abel anbot: »Du kannst ihn doch fragen, ob er bei uns übernachten will, wenn er alle Geschenke verteilt hat.«

»Das wird kaum gehen. Der Weihnachtsmann hat so viel zu tun. Womöglich muß er um Mitternacht schon in Italien sein.«

Adam hatte mit seinem Kollegen Gottfried verabredet, daß dieser als Weihnachtsmann zu ihnen kommen sollte, wenn der richtige Weihnachtsmann wieder weg wäre. Den Kindern würde man sagen, der zweite Weihnachtsmann wäre in Wahrheit ein älterer Wichtelmann, den der Weihnachtsmann nach seinem Besuch geschickt hätte, um mit ihnen zu spielen und zu singen. Gottfried gehörte zum örtlichen Kirchenchor und konnte gut singen. Da er nicht sehr oft im Haus verkehrte, würden die Kinder nicht merken, daß er in Wirklichkeit ein Kollege des Vaters war. Er und die Jungen würden gemeinsam *O Tannenbaum* singen, und womöglich würden Adam und Eva in das schöne Traditionslied einstimmen. Gottfried war das alles ganz recht. Diese Weihnachten mußte der Junggeselle nicht einmal die Verwandtschaft besuchen, weil er schon frühmorgens in der Kirche anzutreten hatte, wie die anderen Chorsänger übrigens auch.

Am Morgen des 24. Dezember putzte Eva ihre beiden Jungen ordentlich heraus. Beide trugen blaue Samtjäckchen und Kniebundhosen aus dem gleichen Stoff. Unter der Jacke hatten sie ein weißes Hemd an und um den Hals eine Schleife. So würden sie beim Weihnachtsmann ganz vorteilhaft erscheinen.

Immerzu wollten Kain und Abel wissen, wann der denn nun käme.

»Kommt Abend, kommt Weihnachtsmann, ganz bestimmt«, versicherte Vater Adam.

»Warum kann er denn nicht schon jetzt kommen?« löcherte Kain.

»Er hat wahnsinnig viel zu tun unterwegs von Finnland; und weil das so weit weg ist, ist auch der Weg ganz lang. Und so kann er erst am Abend bei uns sein«, versuchte Eva die Kinder ruhigzustellen.

»Wenn man ihn vielleicht anrufen würde, daß er etwas früher kommen könnte?« Abel sah seinen Vater erwartungsvoll an.

»Er wird schon kommen. Nur muß der Weihnachtsmann eben bei so vielen Familien vorbeischauen, daß er es einfach nicht schafft, schon morgens bei uns zu sein«, erklärte Adam.

»Sicher mindestens eine Million, zu denen er muß«, erläuterte Kain an seinen Bruder gerichtet.

5. Und näher kommt der Ohren-Fjell-Express

Auf dem Weg Richtung Göttingen muß Jul auch in Berlin Station machen. Weil zu Weihnachten alle Menschen freudigen Mutes und guten Willens sind, beglückt der Bock die Freudenhäuser und tut Gutes auch den Übeltätern. Gigolos, Gliederpuppen und Glieder verrenkende Ringer erhalten, was ihnen gebührt, Pfarrerinnen, Pferdehändler und Pflegeeltern standesgemäße Statussymbole und Souvenirs. In Berlin könnte Jul die Sau rauslassen, wie es so schön heißt, aber: keine Zeit.

Vielleicht ist er am ersten Mai wieder in Preußen, darüber wird er zu Dreikönig nachdenken, wenn er seine Festlegungen für die nähere Zukunft trifft. Unter flatternden roten Fahnen mit den Linken marschierend, würde Jul Bock dann farbideologisch begründet in den Menschenmassen aufgehen. Aber im Augenblick hat er keine Zeit für parteipolitische Bekenntnisse. Er muß global denken.

Globalisierung gehört schon seit ewig zur Ohren-Fjell-Ideologie, lange bevor die Marktwirtschaft das Wort überhaupt erfunden hat, und das weihnachtsmännische Kapital überschreitet die Grenzen in affenartiger Geschwindigkeit, die jeden Versuch zwecklos macht, ihm mit der Tobin'schen Steuer beizukommen.

Jul Bock hat die Fähigkeit zur Persönlichkeitsspaltung. Wie das genau funktioniert, läßt sich aufgrund fehlender Untersuchungen nicht exakt herausfinden. Unter höflichem Verweis auf seine diplomatische Immunität verweigert Jul die Abgabe einer DNS-Probe. Immerhin darf angenommen werden, daß bei Juls Spaltung sein linker Hirnlappen die rationalen Dinge erledigt und die Weihnachtsabendreise ihren weiteren Verlauf nimmt. Die rechte Hälfte dagegen besorgt das Gefühlsmäßige. Auf die Art ist der Weihnachtsmann in der Lage, gleichzeitig sein Rentier die Autobahn entlangzujagen und auf dem Leipziger Bahnhof zu sein, der tatsächlich außer einer Eisenbahnzug-Ankunfts- und Abfahrts-Station heutzutage ein modernes Einkaufszentrum ist, wo er sowohl als Model arbeitet, bei Bedarf eine Show organisiert, wie auch gelegentlich gewissermaßen den Großeinkauf tätigt.

Letzteres führte auf der hier berichteten Reise zu einem Problem. Als der Weihnachtsmann eben dabei war, seinen Container mit Zeug vollzustopfen, erschienen zwei hellwache Jungs vom Wach- und Schließpersonal mit Handschellen auf der Bildfläche, um ihn zur Polizeiwache abzuschleppen. Jul zückte seinen Ohren-Fjell-Paß und streckte ihn den Wach- und Schließmännern entgegen.

Diese, alte Hasen auf ihrem Gebiet, kontrollierten das Foto und konstatierten, daß jemand versuchte, sich aus niederen Beweggründen als Väterchen Frost auszugeben. Mit eisiger Stimme entgegnete der Weihnachtsmann, daß er ein Vertreter der Marktwirtschaft sei und die von den Wächtern und Schließern in Bezug genommene Person Repräsentant einer vergangenen Zeit und einer völlig anderen ideologischen Einstellung. Half alles nichts. Die Wach- und Schließgesellschaft trat handschellenschlenkernd auf den Weihnachtsmann zu.

Nun griff Jul auf das bei der Rentier-Formel-Eins bewährte

Ersatzverfahren zurück und pfiff die Wichtel mit dem Rentierhornextrakt herbei. Vier Zwerge stürzten sich auf den Wächter, vier auf den Schließer. Mit Gewalt öffneten sie ihnen den Mund und schütteten Rentierhornextrakt in die Wach- und Schließkehlen. Sicherheitshalber hielten sie die Männer noch einen Augenblick fest.

Der Stoff entfaltete seine Wirkung, und die Herren bekamen eine Spontanerektion, die der Hosenlatz kaum bändigen konnte. Die Wichtel gaben die Wach- und Schließgesellschaft frei, die sich über die Damenkundschaft hermachte; Weihnachts- und Wichtelmänner verschwanden; Jul Bock kehrte in die Gesamtperson zurück, die auf der Bundesautobahn Nummer 7 unterwegs war.

6. Freue dich, o Göttingen, denn siehe: Hier kommt dein Bock!

Die Ankunft in Göttingen sollte feierlich gestaltet werden. Ein paar Wichtel waren gute Turner und bildeten einen Triumphbogen, durch den Jul Bock in die Stadt einzog.

Er erinnerte sich bestens, wie es damals – das 953 erstmals urkundlich erwähnte Dorf Gutingi hatte 1211 oder 1212 Stadtrecht erhalten, so genau wußte er das nicht mehr – bei seinen Familienbesuchen viel tierischer abgegangen war als heutzutage. Hörner hatten ihre ganz bestimmte Bedeutung, und Körperbehaarung ließ im 14. Jahrhundert, zur Blütezeit der Hanse, die auch eine Blütezeit der Lebenslust war, Frauen freudig beben. Fast hätte er 1737, als die 1736 gegründete Universität vom Kurfürsten Georg II. August eingeweiht wurde, die Ehrendoktorwürde erhalten. Das aber hatte er dann doch ablehnen müssen – schließlich kann vor dem Weihnachtsmann nichts stehen! Vor ihm steht nur er selbst.

Das Haus von Adam und Eva befand sich am Hainberg, dort wo die besseren Leute wohnen, im sogenannten Professorenviertel. Im besten mitteleuropäischen Stil hatte es drei Geschosse, einen Vor- und einen Hinterhof und war von einem ausgedehnten Garten umgeben. Vor dem Haus waren zwischen kleinen Steinen Zwerglatschen angepflanzt, die jetzt mit Lichtern geschmückt waren. Pinien gab es auch.

Auf einmal fielen Bocks Augen auf ein paar seltsame Figuren. Im Vorgarten standen Keramikzwerge, kitschige Gebilde, die Laternen in den Händen hielten.

Er ergrimmte.

»O ungeheuerliche, weihnachtsunmännische Monster! Weh dir, du Weihnachtsmatz, dem man sich weihert, verfluchte Weihnachtsmätzendienste, die man feiert!!«

Und beschloß, der Familie ein Weihnachten zu bereiten, das unvergessen bleiben sollte fort und fort.

7. Verwandlung des Weihnachtsmannes

Das folgende ist die Wiedergabe der Realzeit-Aufnahmen durch die Überwachungskameras am und im Haus von Adam und Eva.

(Kamera außen)

Der Weihnachtsmann fährt im Rentierschlitten vor, hängt seinen silbernen Spiegel an die Garagentür, kämmt seinen Bart und reibt sich das Gesicht mit frischem Moschus ein. Die Wichtelmännchen begleiten das Geschehen unter rhythmischer Absingung des Popsongs *Lady Shaver*. Das Männchen am Mixer steuert die Stimmen so, daß im Ergebnis zeitweilig *Jinglebells* (peppige Version) erklingt, zeitweilig das Heavy-Metal-Stück *Dynamite Calling*. Das Ganze hört sich für menschliche Ohren an wie ein Engelschor.

(Kamera innen)

Im Inneren des Hauses aufgeregte Spannung. Jeden Augenblick kann der ersehnte Gast eintreten. Der dichtgewachsene Tannenbaum ist mit echten Stearinkerzen bestückt, die schummriges Licht verbreiten. Die Kinder haben ihre funkelnden Augen auf die Tür gerichtet. Es klopft.

Vater Adam: »Herein!«

Altmodisches Türknarren. Auftritt Weihnachtsmann.

Große, starkgebaute Erscheinung. Mit rotem Kinn tritt er auf die Familie zu und donnert:

»Was gibt's denn hier zu grinsen? Es ist Weihnachtsabend. In Reihe angetreten! Stillgestanden! Rührt euch! Stillgestanden!«

Adam, der seinerzeit gedient hat, stellt in aller Eile Frau und Kinder zu einer Reihe auf, postiert sich selbst dicht vor dem Weihnachtsmann und legt die Hand zum Gruß an den Kopf. Kain und Abel versuchen dem Beispiel des Vaters zu folgen. Eva ist zur Salzsäule erstarrt wie weiland Lots Weib.

»Und?! Wo zum Geier sind die Gaben, um den Weihnachtsmann zu laben?« fragt der Alte aus Pohjola, dem Nordland, in seiner Duftwolke aus rohem Moschus.

»Du hast doch wohl das Geld bereit, Adam? Die Belohnung für den Weihnachtsmann?«

»Zu Befehl, Herr Haupt... Pardon, Herr Weihnachtsmann. – Das Geld liegt auf dem Beistelltisch.«

»Fein! Und was ist mit meinem Brei? Wo ist der Reisbrei? Gibt es für den Weihnachtsmann etwa keinen Schinken?!« schnauzt Jul Bock.

»Lieber Herr, wir haben einen reichgedeckten Tisch«, barmt Eva.

»Ich bin kein ›lieber Herr‹, ich bin der Weihnachtsmann, Selbstherrscher des Ohren-Fjell.«

»Um Vergebung, fürstliche Durchlaucht! Ich meinte nur, daß es wirklich genügend zu essen gibt.«

»Und was ist mit Glögg? Wo hat Adam seinen Glögg versteckt? Gibt es anständig Schnaps?« verlangt Jul Bock.

»Glühwein ist vorhanden, und Kognak habe ich, wenn Herr Weihnachtsmann wünschen.«

Der Herr des Ohren-Fjell stapft im Zimmer umher, nimmt seine Trillerpfeife aus der Tasche und trillerpfeift durchdringend.

»Herbei, ihr Heinzel, ihr Wichtel und Zwerg: Durchsucht das Haus, macht euch ans Werk!« kommandiert er. »Beschlagnahmt Fusel und Getränke aus Hopfen und laßt mir zurück keinen einzigen Tropfen! Fehlt noch, die Kinder kriegen Schnaps und nehmen Gewohnheiten an wie der Paps!«

»Wir trinken normalerweise nicht viel«, erklärt Eva furchtsam. »Ein Gläschen Wein zum Essen, und die Kinder dürfen ein Schlückchen Glühwein, gerade mal einen Löffel voll. Bei uns gibt es keinen Alkoholmißbrauch, Herr Fürst.«

»Na, dann gibt's jetzt eben überhaupt nichts mehr zu trinken«, verkündet der Weihnachtsmann. »Das wird ein abstinentes Weihnachten für euch! Nüchternheit hat nie gereut.«

Dann wendet er sich den Kindern zu:

»Gottverdammte Blagen! Muß ich euch etwa schlagen?! Alle kriegen eins auf die Goschen, auch Pap- und Mama werden verdroschen!«

Adam nimmt sein kleines Kämpferherz in beide Hände: »Wir haben nichts Schlechtes getan, Herr Weihnachtsmann.«

»Du! Du hast doch in den Sechzigern revoluzzt! Denkst, das weiß ich nicht – schau nur verdutzt! Vermutlich bist du in

Zirkeln gekreist, wie dieser … wie dieser … Wie der Minister bloß heißt?!«

»Fischer!« schreit Klein-Abel mit der Sicherheit seiner fünf Jahre, »Dietrich Fischer-Dieskau!«

»Ruhe im Glied und halt den Schnabel! Erst wenn ich dich frage, antworte, Abel.« Der Weihnachtsmann wendet sich Kain zu und erkundigt sich mit strenger Stimme: »Was ist das für ein Typ, dieser Fischer-Dieskau?«

»Ich glaube, das ist ein Sänger, oder?« vermutet Kain schüchtern, »wir haben Platten von ihm.«

»Na, dann ist er garantiert einer von den Ko-Revoluzzern deines Vaters aus den Sechzigern«, erwidert der Weihnachtsmann und befiehlt an die Wichtelmänner gerichtet: »Alles, was eßbar, verstaut in den Säcken! Noch lang ist die Reise, da soll es uns schmecken.«

»Und du läßt uns keinen Bissen?« fragt Adam mit zitternder Stimme und wird vom Weihnachtsmann angeschnauzt: »Frech forderst du zur Feier für die Familie feines Futter?! – Da bereit ich dir doch gerne ganz besonderen Genuß. Zwerge, zwängt euch auf die Plätze, purzelt plötzlich! Faßt den Vater!«

Und schon springen die Wichtel in bewährter Weise dem Vater zur Seite und fassen seine Hände.

»*Kilju* nun in Papas Kehle!« befiehlt der Weihnachtsmann …

8. Das väterliche Geheimnis wird enthüllt

Zwei kräftige Wichtel hielten Adams Hände fest, einer sorgte für weitere Sicherheit, indem er ihm die Beine verschnürte. Der vierte öffnete ihm mit Gewalt den Mund, und der fünfte schüttete ihm Kilju in den Rachen. Die übrigen behielten die Familie im Auge, auf daß sich keiner rühre. Reichlich bemessen war die Kilju-Gabe, zwischendurch erhielt Adam Gelegenheit zum Luftholen, worauf die Kilju-Zufuhr fortgesetzt wurde.

In kurzer Zeit war der Vater abgefüllt und fing an, seine Familie mit unflätigen Ausdrücken zu beschimpfen. Dem Vernehmen nach sah Eva aus wie eine Sau, Kain und Abel fraßen dem Vater die Haare vom Kopf, und überhaupt wäre er ohne Familie glücklicher.

Und dann fielen Adams Augen auf ein hübsches kleines Wichtelfräulein im Gefolge des Weihnachtsmannes:

»Was haben wir denn da Niedliches!« schrie er. »Zur Hochzeitsnacht die Weihnachtsnacht soll werden! Her mit dem kleinen Rotrock!«

Des Ehemannes furchtbares Geheimnis – offen vor Eva lag es zutage. Den Treuen gespielt hatte er seit den Zeiten der Verlobung, nicht einmal sich nach einer Andern umgedreht. Und nun plötzlich: *in vino veritas*. Lag hier die Erklärung für Adams gelegentliches und doch merkwürdiges Ausbleiben nach Dienstschluß? War der vielgeliebte Gatte gar am Ende durch und durch ein Don Juan?

Kain und Abel wollten wissen, warum der Vater nach dem

rotberockten Mädchen verlangte. Ob Mama nicht ausreichen würde?

Doch Adam war in seinem Element:

»Rotröckchen, mein Flöckchen, wann kommst du geschneit?!« verlangte er mit zunehmender Heftigkeit.

Der Weihnachts- und die Wichtelmänner lächelten geheimnisvoll wissend. Dann sagte Jul Bock zum Wichtelmädchen: »Geh ruhig und sei nett zu Adam.«

Adam machte sich über die schöne Wichtelin her und zerrte sie unter den Weihnachtsbaum: »Laßt uns froh und munter sein und uns aneinander freu'n. Lustig, lustig, trallallala, bald sind wir dem Gipfel nah!«

Zu Evas Entsetzen und der Kinder Konsternierung zog er der Zwergin Hemd und Hose vom lieblichen Leib.

Dann begann er zu suchen. Suchte, suchte und suchte.

»Wo?« schrie er, »wo ist es?«, mit zunehmender Wut in der Stimme.

Weihnachts- und Wichtelmänner lachten Tränen.

»Such, Adam! Such, such!«

»Hier ist nichts!« tobte Adam. »Warum ist hier nichts?!«

»Weil«, schrie der Weihnachtsmann und bog sich vor Lachen: »Kein Organ besitzt der Wichtel. Wir vermehr'n uns ungeschlichtel!«

Und dann befahl er seinen Gehilfen: »Gebt Papa das Gegenmittel.«

Die Wichtel zogen den sich heftig sträubenden Adam unterm Weihnachtsbaum hervor und verfuhren mit ihm wie zuvor: zwei an den Händen, einer an den Beinen, der vierte am

Mund, der fünfte warf ihm die Geheimpille ein. Im Nu war Adam stocknüchtern. Und hatte keinen Schimmer vom soeben Vorgefallenen. Er blickte auf sein Weib Eva und dieses auf ihn mit eisiger Miene.

Jul Bock wühlte in den Schränken:

»Gibt es irgendwelche Erbkleinodien? Schmuck aus Jade? Ringe aus Smaragd in den Kommodien?«

»Wir haben keine Wertgegenstände«, versicherte Adam.

»Dann eben die Unwertgegenstände«, grinste Jul. »Wir sind nicht heikel.« Dann wandte er sich an die Wichtel: »Laßt die Rentiere rein!«

Eifrig drängten diese durch die Tür und machten sich über Blumen und Zimmerpflanzen her. Es währte nur kurze Zeit, und der Weihnachtsbaum war bis auf die letzte Nadel vernichtet.

Adam tat, was zu tun war. Er klemmte sich Eva und die Kinder unter den Arm und trat – während Weihnachtsmann und Weihnachtswichtel das Haus leer räumten – die Flucht zum Nachbarn an. Dort beobachteten sie vom Fenster, wie ihr Heim auseinandergenommen wurde.

Nach getaner Arbeit setzte Jul Bock sich gutgelaunt auf seines Rentiers Rücken und begab sich frohgemut auf die Weiterreise Richtung Kassel und Frankfurt.

Deutsch von Eike Fuhrmann

M. A. NUMMINEN & JARKKO LAINE

Der Weihnachtsmann schlägt zurück

(Lyrik aus dem Polarkreis)

Heute kommt der Weihnachtsmann,
ist das spannend, Mann o MAN!
Der Weihnachtsbaum ist aufgebaut,
da klopft es plötzlich laut!

Ist das der Sankt Nikolaus?
Dieser Mann sieht komisch aus.
Ohne Bart und roten Rock
droht er mit dem Knüppelstock.

»Warum jubilieret ihr?
Gibt es was zu lachen hier?
Sind Geschenke für mich da
und wer bezahlt das Honorar?

Wo ist denn die Weihnachtsgans,
Karpfen, Pudding, Hefekranz,
Sauerkraut und Weiße Wurst,
Weinbrandflasche gegen Durst?
Donnerwetter, ritscheratsch,
jetzt bekommt ihr Popoklatsch!
Alle hau ich grün und blau,
Oma, Opa, Mann und Frau!«

Stellt dem Papa schnell ein Bein
zieht am Schopf die Kinderlein,
rennt zum Gabentisch und –zack!–
stopft sich alles in den Sack.

Die Familie heult so sehr.
Niklas räumt die Schränke leer,
ruft die Rentiere herein:
»Tretet alles kurz und klein!«

Die Familie ist entsetzt,
ist die Wohnung doch zerfetzt.
Niklas schwingt sich auf ein Ren
und entkommt im Handumdrehn.

Deutsch von Matti Kontio

RALF SOTSCHECK

Der Fotograf und die Hausmeister der Hölle

Mit dieser Reaktion konnte niemand rechnen. Ich hatte Timothy lediglich einen kleinen Schokoladen-Weihnachtsmann angeboten, den ich beim Aufräumen im Küchenschrank gefunden hatte. Er war noch nicht mal sonderlich vergammelt. »Weihnachten«, schnaubte Timothy mit rotem Kopf, »erwähne mir gegenüber nie wieder dieses Wort!«

Nachdem ich ihm ein hochprozentiges Beruhigungszäpfchen verabreicht hatte, rückte er mit der Geschichte heraus. Im Dezember hatte er seine neue Freundin kennengelernt. Man plante ein romantisches Weihnachtsfest zu zweit. Am Heiligabend rief eine Religionsgemeinschaft an, die hier nicht identifiziert werden soll. Es ging um einen Fotoband, in dem gezeigt werden sollte, wie die Sektenmitglieder in aller Welt Weihnachten nach Landessitte feiern.

»Ich zog den kürzesten Strohhalm«, sagte Timothy, der freiberufliche Fotograf: »Helsinki.« Fünf Stunden später war er in der finnischen Hauptstadt, die örtliche Sektensektion – vier Brüder in fortgeschrittenem Alter – war bereits informiert. Die Betbrüder hatten eine kleine Überraschung parat: Timothy, dem Iren, seien Saunafreuden wahrscheinlich unbekannt, so vermuteten sie. Das galt es zu ändern. Im Handumdrehen steckten sie den völlig übermüdeten Timothy in einen Glutofen. Als er beinahe gar war, holten die vier Höllenhausmeister ein paar Eschenzweige hervor.

»Ich mußte an den Kollegen denken, der bei der Auslosung Rio gezogen hatte«, meinte Timothy, »und der jetzt vermutlich mit einer Caipirinha an der Copacabana liegen würde, während ich von vier nackten Irren nach Landessitte mit Eschenzweigen ausgepeitscht wurde.« Danach scheuchten sie ihn in den Schnee, der sich aufgrund der milden Temperaturen aber in Schlamm verwandelt hatte.

Nachdem er wider Erwarten auch den Sprung in den See überlebt hatte, wollte Timothy endlich das Foto machen. Finnen, so hatte man ihm erzählt, zünden am Heiligabend eine Kerze auf dem Grab ihrer Mutter an. Das sei schwierig, meinten die vier Fotografenbrüder, die Mutter sei im Norden Finnlands beerdigt, sechs Stunden Fahrzeit. »Ich wollte mit dem nächsten Flugzeug nach Hause, um von der Beziehung und vom Weihnachtsfest zu retten, was noch zu retten war«, sagte Timothy, und so überredete er seine Fotoobjekte, eine Kerze auf irgendeinem Muttergrab, notfalls auch einer Andersgläubigen, zu entzünden. Doch offenbar ist es mit der Tradition in Finnland nicht mehr weit her. »Auf dem Friedhof brannte keine einzige Kerze«, stöhnte Timothy, »die Szene war für ein Foto denkbar ungeeignet.«

An einer Nachttankstelle besorgte er sich hundert Kerzen zum Nachttankstellenwucherpreis, erwürgte fast den Tankwart, der auf einen »romantischen Kerzenabend zu zweit« getippt hatte, und montierte die brennenden Wachsprodukte auf hundert Gräber. Endlich hatte er seine vier Peiniger mit weihnachtlicher Miene um ein passendes Grab inmitten des Kerzenmeeres gruppiert und sein Stativ aufgebaut, als er eine schwere Hand auf seiner Schulter spürte. »Jetzt nicht«, schrie Timothy, doch der Fremde ließ nicht locker: »Was machen Sie denn hier am Grab meiner Mutter?« Timothy hat das Flugzeug dann doch verpaßt.

ENDSTATION
Weihnachten
C. MOSER
2003

Der Abend heilig, die Nacht so still,
ein Mensch, der nicht mehr leben will...

Tu's nicht, du arme Seel' in Not, es gibt doch schönres als den Tod!
Sieh all die lieben Nächsten feiern...
sieh sie nach den Geschenken geiern!
Sie heucheln nur und hassen sich, am allermeisten aber DICH!

OH, NEIN! Selbstmord ist Todessünd'! Frag die, die in der Hölle sind!
Ja, frag sie nur, die haben's gut: mit Wein, der brennt und Fleischesglut!
Wenn du es tust, wird Gott dir zürnen!
Bei uns gibt's geile, dralle Dirnen!
Bei uns find't deine Seele Ruh'!
Und uns're Bar macht niemals zu!

Noch eh' er sich entscheiden kann, kommt pünktlich die U-3 heran...

...und gibt dem armen Mann den Rest: So wurd's doch noch ein frohes Fest!
Ende!

GABRIEL JOSIPOVICI

Weihnachten

Frank, der Vater, wartet im Bahnhof.
– Was ist denn das? sagt er.
– Keine Sorge, sagt der Sohn, ich will nicht einziehen.
– Das hab ich auch nicht gemeint, sagt Frank. Ich dachte nur –
– Vorsicht! Zerbrechlich.
– Was ist das?
– Wart's ab.
Er setzt sich auf den Beifahrersitz, und Frank läßt den Motor an. – Du siehst gut aus, sagt er.
– Echt?
– Also, unter den Umständen ...
– Jaha.
So schweigsam kennt er seinen Sohn gar nicht.
– Wie geht's Timothy? fragt er.
– Verdammt, Dad, sagt sein Sohn. Du mußt mit mir keine Konversation machen.
– Ich hab nur gefragt.
– Schon gut.
Sie schweigen, bis er den Wagen in die Einfahrt gefahren und abgestellt hat. Sie steigen aus.
– Nein, sagt sein Sohn, ich nehm das. Das ist empfindlich.

– Was ist das?
– Nichts. Ich zeig's dir später.
– Ich bin gespannt.
– Das mach ich für Tim.
– Um was geht's denn?
– Och, eine Arche Noah.
– Eine Arche Noah? Wovon redest du?
– Eine Hausaufgabe, von der Schule.
– Eine Arche Noah?
Er geht voraus. – Ich hab dir dein altes Zimmer hergerichtet, sagt er. Oder hättest du's lieber wie letztes Mal?
– Ist mir egal.
Bei Licht besehen findet er, sein Sohn sieht gar nicht so gut aus.
– Ich dachte, das Doppelbett wär dir nicht so recht, wo du …
– Schon gut, sagt sein Sohn.
– Ich dachte wegen all der Erinnerungen, jetzt wo …
– Schon gut.
– Ich dachte, da kommen alle Erinnerungen wieder hoch und …
– Sei nicht so verdammt sensibel, sagt sein Sohn. Und macht sich auf den Weg.
Sie stehen am Eingang zu seinem Kinderzimmer.
– Sag ich ja: sensibel! sagt sein Sohn wütend.
– Tut mir leid, sagt er. Deine Mutter hat immer aufgepaßt, daß ich mich nicht lächerlich mache.
– O Dad, um Gottes willen! sagt sein Sohn. Bitte geh jetzt und laß mich auspacken.

– Tut mir leid.
– Geh jetzt, Dad. Geh.

****

– Hey, sagt der Sohn. Du hast den Kamin angemacht. Klasse!
– Ich dachte, wir essen hier, sagt Frank. Ich benutz das Eßzimmer nur noch selten.
– Ich find's Klasse hier, sagt sein Sohn. Tut gut.
– Wir haben hier immer den Kamin angemacht. Als deine Mutter noch lebte. Erinnerst du dich?
– Klasse, sagt sein Sohn. Ich hab Whisky mitgebracht, sagt er und stellt eine Flasche auf den Küchentisch.
– Ich trink nicht mehr.
– Was? Warum das denn?
– Ich hab Angst.
– Wovor?
– Daß ich dann nicht mehr aufhören kann. Alleine.
– Komm, hör auf, Dad, sagt sein Sohn.
– Ich hab uns heut abend was Schönes gekocht.
– Schön. Ich darf mir doch ein Glas eingießen?
– Natürlich. Möchtest du lieber was anderes?
Sein Sohn hat die Flasche bereits geöffnet.
– Eis? sagt Frank. Wasser?
– Mhm, sagt sein Sohn.
Sie sitzen am Küchentisch.
Nach einer Weile sagt sein Sohn: – Willst du's sehen?
– Was?

– Die Arche Noah.

– Klar. Bring sie runter.

– Die ist etwas groß. Komm mit.

Sie gehen die Treppe hoch.

– Ist das Zimmer in Ordnung? fragt der Vater.

– Klar. Warum?

– Ich weiß nicht. Um so was hat sich deine Mutter immer gekümmert.

– Um was?

– Zimmer machen. Betten beziehen und so.

– Ist nicht so schwer, oder?

– Nein, aber ich hab immer Angst, ich könnte was vergessen.

So, sagt er und hockt sich auf den Boden, um besser sehen zu können. Das ist es.

– Das ist eine Hausaufgabe. Jeder muß so was machen.

– Und du machst das für ihn?

– Hatte ich vor.

– Und du meinst nicht, das sollte er selber machen?

– Nein.

– Ah ja, sagt der Vater und sieht seinen Sohn wieder an. Warum hast du das hierhin mitgebracht? fragt er.

– Ich muß noch was dran machen. Da dachte ich, ich hab hier Zeit, das anzumalen.

– Du willst das anmalen?

– Ja. Warum nicht?

– Ich weiß nicht. Ich dachte ... Willst du die Garage haben?

– Die Garage?

– Zum Anmalen.

– Können wir wieder runtergehen? Wann gibt's Essen? Ich hab Hunger.
– Ist fast fertig. Ist was ganz Einfaches. Deine Mutter hat immer gekocht.
– Um Himmels willen, Dad. Sie ist jetzt drei Jahre tot.
– Was heißt das schon?
– Bitte fang nicht wieder damit an! sagt sein Sohn.

****

Sein Sohn greift über den Tisch und stellt die Flasche neben sich.
– Entschuldigung, sagt Frank. Bedien dich.
– Ich kann's immer noch nicht glauben, sagt sein Sohn. Ich weiß immer noch nicht, was passiert ist.
Der Vater schweigt.
– Ich weiß, sie liebt mich noch, sagt sein Sohn. Ich hör das an ihrer Stimme.
– Laß ihr Zeit, sagt Frank.
– Zeit! sagt sein Sohn. Sie lebt mit dem Kerl. Sie hat ihn mir vorgezogen. Ich glaub's einfach nicht.
Er gießt sich noch ein Glas ein.
– So was passiert, sagt sein Vater.
– Ich hab nicht geglaubt, daß mir das passieren kann.
– Hast du dich mal mit einer anderen getroffen? fragt sein Vater.
– Dad, sagt der Sohn. Ich liebe sie, sie liebt mich. Das ist doch sinnlos.

– Du mußt das Schicksal nehmen, wie es kommt, sagt sein Vater. Sieh mich an.
– Verdammt, Dad, sagt der Sohn. Du bist alt. Mutter war alt. Sie hat dich geliebt. Du kannst das nicht miteinander vergleichen!
– Ich vergleiche nicht, sagt sein Vater. Ich würde niemals den Tod mit einem Eheproblem vergleichen.
– Verdammte Scheiße, Dad, sagt sein Sohn. Erst bedrängst du mich, daß ich Weihnachten herkomme, und dann erzählst du mir diesen Scheiß. Gibt's hier vielleicht noch eine Flasche?
– Ich dachte, wir sollten in dieser Zeit zusammensein, sagt sein Vater und steht auf, um noch eine Flasche zu holen.
– Gib her, sagt sein Sohn und nimmt die Flasche und den Korkenzieher.
Er gießt sein Glas voll. – Ich hab versucht, sie zu hassen. Weil sie mir das angetan hat. Weil sie Tim das angetan hat. Aber ich kann nicht. Ich liebe sie, Dad. Und ich weiß, sie liebt mich auch, sie hat sich das jetzt nur in den Kopf gesetzt ...
– Gib ihr Zeit, sagt sein Vater. Sie kommt zurück.
– Ich will sie nicht zurück, sagt der Sohn. Nach allem, was sie mir angetan hat.
– Was willst du dann?
– Ich will sterben, sagt sein Sohn.
Sein Vater schweigt, sieht ihn an.
Er steht auf und räumt die Teller ab. – Wollen wir den Weihnachtspudding für morgen aufheben? fragt er.
– Ist mir egal, sagt sein Sohn.
– Ich glaub, das ist besser, sagt der Vater.

– Ist mir egal, sagt der Sohn.
– Das ist eine schwierige Zeit, sagt der Vater. Die dunkelste Zeit des Jahres. Deswegen halten Familien zusammen und jeder ißt soviel er kann. Es geht dir wieder besser, sobald die Tage wieder länger werden.
– Weißt du, was ich letzten Sommer gemacht habe? sagt sein Sohn. Nachdem sie mich verlassen hat? Ich habe nicht einmal die Vorhänge aufgezogen. Ich konnte das Licht nicht aushalten, und den Gedanken, daß alle sich amüsieren.
Der Vater schweigt.
– Lieber bring ich mich um, ehe ich noch so einen Sommer mitmache.
– Sag nicht so was.
– Was soll ich denn sonst sagen? Du und Mutter haben mir beigebracht, immer geradeheraus zu sagen, was ich denke. Und jetzt willst du mir den Mund verbieten?
– Ich will dir nicht den Mund verbieten, sagt der Vater. Ich habe nur das Gefühl, daß es sinnlos ist, wenn du dich so in die Depression herein redest.
– Ich bin nicht deprimiert, sagt sein Sohn und gießt sich wieder ein. Ich sehe nur nicht ein, warum ich weiterleben soll. Ich halte das nicht aus: vierundzwanzig Stunden jeden Tag, sechzig Minuten jede Stunde und sechzig Sekunden jede Minute. Ich seh sie die ganze Zeit vor mir, ich seh sie mit diesem Kerl und ich seh sie mit mir und ich hör ihre Stimme, wie sie ruft, wenn sie nach Hause kommt. Nur das, Dad. Verstehst du? Nur das.
– Dies soll ja die Zeit der Hoffnung sein, sagt sein Vater. Die

Geburt des Christkindes und so. Du hast Tim, um den du dich kümmern mußt, hör bitte auf, nur über dein Ego zu brüten.
– Das ist stark, sagt der Sohn. Das ist stark, das mußt du gerade sagen.
– Wie meinst du das? sagt Frank.
Sein Sohn leert das Glas und gießt nach.
– Dein Problem ist, sagt sein Vater, daß wir dich zu sehr geliebt haben. Jetzt erwartest du das von allen. Aber das gibt es nicht. So ist das Leben nicht. Vielleicht hat sie bestimmte Dinge mit dir nicht mehr ausgehalten, warum auch immer. So was läuft nicht rational ab, verstehst du. Sie hatte das Gefühl, dich verlassen zu müssen.
– Wir haben uns geliebt, sagt der Sohn. Was zwischen uns war, gab es bei keinem Paar, das ich kenne. Ich hab sie verstanden. Ich hab sie bis ins Innerste verstanden. Und sie hat mich verstanden, Dad. Ich versteh das alles nicht. Gibt's noch eine Flasche?
– Meinst du nicht, wir sollten ins Bett gehen? sagt der Vater.
– Und was dann? sagt sein Sohn.
Der Vater schweigt. Dann sagt er: – Du bist von Selbstmitleid zerfressen.
– Vielleicht bin ich das, sagt sein Sohn.
Der Vater fühlt plötzlich, wie ihn eine Woge der Liebe zu seinem Sohn überflutet. Er steht auf, geht um den Tisch. Er legt ihm seinen Arm um die Schultern.
– O Dad, hör auf, sagt der Sohn und windet sich.
– Es wird alles gut, sagt Frank. Was auch passiert, es wird gut.

Sein Sohn schiebt den Arm weg und gießt sich noch einen Drink ein.
– Ich pack's dann mal, sagt er.
– Mach das, sagt Frank. Schlaf dich mal richtig aus.
– Ich muß noch was machen, sagt sein Sohn. Ich geh noch nicht schlafen.
– Was machen?
– So Sachen, sagt sein Sohn. Er steht auf und wankt Richtung Tür.
– Ich dachte, wir machen morgen eine Wanderung, sagt sein Vater. Über die Klippen.
– Gute Nacht, Dad, sagt sein Sohn und wendet sich zur Tür.
– Gute Nacht, sagt Frank.

****

Er sitzt am Tisch und hört, wie sein Sohn über ihm rumort. Der Nachmittag und der Abend haben ihn ganz schön geschafft und er döst langsam am Tisch ein. Schließlich hört er, wie sich sein Sohn schwer ins Bett fallen läßt, danach ist Ruhe.
Er wendet den Blick und starrt ins Kaminfeuer.
Und dann hört er es. Plip plip plip plip. Ihm wird bewußt, daß er das schon eine Weile hört. Dann wird es ihm klar. Es tropft. Auf den Teppich. Er sieht hoch zur Decke.
Ein roter Fleck, ein Klecks, nicht genau umrissen, ist zwischen Lampe und Wand deutlich sichtbar. Er beobachtet, wie sich ein roter Tropfen bildet, langsam löst und mit dem bereits gehörten Geräusch auf den Teppich fällt. Inzwischen hat sich

wieder ein neuer Tropfen gebildet, dann noch einer und noch einer.

Mit stockendem Atem, die Hand ans Herz gepreßt, starrt der Vater auf den Fleck an der Decke. – O Gott! sagt er.

Er stolpert zur Tür und steigt die Treppe hoch. Seine Beine sind so schwer, daß er sich am Geländer hochzieht. Er merkt auf einmal, wie still es im Haus ist.

Oben bleibt er erst einmal stehen, dann stößt er heftig die Tür zum Zimmer seines Sohnes auf.

Sein Sohn liegt, vollständig angezogen, auf dem Bett, ein Fuß noch auf dem Boden. Er schnarcht raumfüllend.

Auf dem Boden, neben dem Holzschiffchen, liegt umgekippt eine Büchse mit roter Farbe, die sich langsam auf den Teppich ergießt.

– O Gott! flüstert der Vater. O Gott! Du Scheißkerl!

Deutsch von Gerd Haffmans

F. W. BERNSTEIN
Weinaxgedicht

Am Zweiten Weinaxfeiertag,
als ich grad im Schterben lag,
war im Flur ein großer Krach,
und der drang ins Schlafgemach.

Als ich dieses Lärmen hörte,
das mich so beim Schterben schtörte –
ich wäre eine dumme Sau,
schtürbe ich bei dem Radau,
bei so einem Heidenlärm
kann kein Schwein mehr ruhig schterm –

schtand ich auf und ging nach draußen,
sah dort meine Kinder zausen,
schlug ein Hühnerei entzwei,
briet mir draus ein Spiegelei
in der Küche, wo der Krach
nur noch schwach zur Tür reinbrach.

Derart wurd ich abgelenkt
und dem Leben neu geschenkt.
Dankbar aß ich noch ein Ei,
und dann kam der Tod herbei.

Als der sah, wie es mir schmeckte,
wie ich aß und nicht verreckte:
da legt' er seinen Hobel hin
und sagte mir Adjöh.

FANNY MÜLLER

Rhinozerosse

Es ist doch immer wieder dasselbe: Man lauert bis zur letzten Minute, ob nicht doch wer eine Silvester-Party schmeißt, und dann sitzt man letztendlich mit ein paar Luschen am Küchentisch und spielt Doppelkopf bis zum Morgengrauen. Wie im letzten Jahr.

An sich fing es ganz lustig an. Ich wurde von ziemlich gut situierten Bekannten in ein feines Restaurant am Hafen eingeladen. Dafür hatte ich extra die Pumps angezogen, die ich zur Hochzeit meiner Schwester gekauft habe, und sie unterm Tisch ausgezogen. Weil ich sie nicht wieder ankriegte, mußte ich zum Taxi getragen werden. Das war insofern gut, als mir ein bißchen schlecht war. Ich hatte alle Austern, die es als Vorspeise gab, aufgegessen. Die anderen grausten sich davor. Ein Haus in der Toscana, aber sonst von nichts eine Ahnung haben!

Um gut Doppelkopf spielen zu können, muß man einen bedingungslosen Erwerbstrieb besitzen. Ich kann da nicht klagen, deshalb war ich auch die ganze Zeit auf 180, weil die anderen herumalberten und immerzu fragten, was denn noch mal Trumpf sei und wieso es eigentlich »Hochzeit« heiße, wenn man zwei Kreuzdamen auf der Hand habe.

Ich habe natürlich gewonnen, aber die Begeisterung über einen Sieg kann keine hohen Wellen schlagen, wenn der Preis dafür ist, daß man zweimal Bleigießen darf statt nur einmal.

Aus den Figuren konnte ich nichts erkennen, was mich nur entfernt an irgend etwas erinnerte, aber die anderen behaupteten, es seien Rhinozerosse, und das bedeute »ungebrochener Optimismus für das ganze Jahr«. Purer Blödsinn! Was ich an diesem Silvester mache? Das weiß ich noch nicht. Ich rechne aber fest damit, daß irgend jemand mich zu einer richtigen Party einlädt.

ARI PLIKAT
Feuerwerk

STEFFEN JACOBS
Zum Neuen Jahr

Alles soll jetzt anders werden,
doch auf höherem Niveau,
auch mit größeren Gebärden:
klar entschieden statt so-so.

Alles soll ganz ähnlich bleiben,
aber nichts sei gänzlich gleich:
Wenn wir an der Lampe reiben,
strahle licht, was vorher bleich.

Alte Bärte, alte Hüte:
nichts von diesen sei getragen.
Greller Moden frischer Blüte
wollen wir uns auch versagen.

»Alles anders, alles ähnlich«,
spricht Belsazar ungeniert.
Zukunft, nimm es nicht persönlich,
du allein bleibst doch, die führt.

THOMAS GSELLA

Neujahrsmorgen

Frage: Zigarettenschachtel, Bierflasche, Chips- und Grastüte – was ist das eigentlich für ein Gott, der all das zuläßt? Ich aber sage euch: Das ist gar kein Gott, das bin ich! Ich lasse all das zu! Noch! Nun aber sehet her und verfolget in Demut, wie ich all das aufreiße und öffne und in meine Öffnungen stopfe, prost.

STEFFEN HAAS

KLAUS MODICK
Neujahrsamnesie

Sylvester ist seit je das Fest der Feste.
Wir trinken Sekt und lassen Böller knallen.
Das Schönste aber und das Allerbeste
ist ...   mir leider im Moment entfallen.

Am ersten Jänner wird das neue Jahr beginnen.
Am einundreißigsten Dezember hört es auf.
Bedenk, o Mensch, mit allen deinen Sinnen,
daß du ...   ich komm jetzt grad nicht drauf.

Das alte Jahr wird sich zum Ende neigen
mit Korkenknall und Feuerwerksgestrahl.
Dann wird das neue Jahr sich pünktlich zeigen,
wie ...   ach, das ist doch scheißegal.

Im neuen Jahr wird alles gründlich besser werden:
das Trübe klärt sich, Dunkelheit wird hell,
die Menschen werden glücklich sein auf Erden,
weil ...   äh, wie sagt man doch noch schnell?

Das nächste Jahr wird anders als die andern,
deswegen nennt man es »das junge«,
bedenke, Mensch, in deinem Erdenwandern,
daß ...   tja, es liegt mir auf der Zunge.

KLAUS MODICK

Das Tollste freilich in dem neuen Jahre:
Kein Regen mehr, der Himmel ewig heiter,
die Siechen springen lachend von der Bahre,
denn ...   hier weiß ich nicht mehr weiter.

ARI PLIKAT

Sein erster Schneemann

NACH- UND HINWEISE

F. W. Bernstein

Die Bilder-Suite *Schneemannslos*, das *Weinaxgedicht* und die Vignetten zu Jürgen Brömmers *Drei-Phasen-Tab-Weihnacht* erscheinen als Erstveröffentlichungen mit freundlicher Genehmigung des Künstlers und Dichters, dessen Gesammelte Gedichte im Herbst 2003 bei Antje Kunstmann herauskommen. © 2003 Fritz Weigle.
Siehe auch Jürgen Brömmer.

Jürgen Brömmer

Die *Drei-Phasen-Tab-Weihnacht* wurde eigens für dieses Buch geschrieben und eigens von F. W. Bernstein geschmückt. Abdruck mit freundlicher Genehmigung des Autors. © 2003 Jürgen Brömmer, Amsterdam und Vreden.
Siehe auch F. W. Bernstein.

Anthony Burgess

Eine koloniale Weihnacht erscheint hier erstmals deutsch von Harry Rowohlt. *A Colonial Christmas* erschien in »Punch« und *The Pick of Punch*, selected and introduced by Miles Kington, London 1998. © 1998 Punch Limited. Abdruck mit freundlicher Genehmigung der Literarischen Agentur Liepman AG Zürich.

Jenny Eclair

Vorstadt-Weihnacht (Titel vom Hrsg.) ist eine Passage aus dem Roman *Vorstadt-Schönheit*, erstmals deutsch von Juliane Zaubitzer, erschienen bei Zweitausendeins. Die englische Ausgabe *The Camberwell Beauty* erschien 2000 bei Little, Brown & Company in London. © 2000 by Jenny Eclair. Deutsche Ausgabe © 2003 Zweitausendeins, Frankfurt a. M.

Awe Effinger

Ein Aushilfsnikolo vom Lande hat Awe eigens für dieses Weihnachtsbuch erzählt und gezeichnet. Abdruck mit freundlicher Genehmigung des Autors. © 2003 Awe Effinger & Alfred Fry-Wunning, München.

THOMAS GSELLA
Neujahrsmorgen (Titel vom Hrsg.) erscheint als Erstdruck mit freundlicher Genehmigung des Autors der *Generation Reim*. © 2003 Thomas Gsella, Essen.

STEFFEN HAAS
Advent, *Das Küken, die Maus und das Bier* und *Rohes Fest* hat der Autor für dieses Weihnachtsbuch ausgepackt. Das Vorsatzpapier »Lausiges Weihnachtswetter« wurde auch eigens hierfür gefertigt. Abdruck mit freundlicher Genehmigung des Autors. © 2003 Steffen Haas, München.
Siehe auch Gunter Hansen.

GUNTER HANSEN
Das Küken, die Maus und das Bier (zusammen mit Steffen Haas) und der Klassiker *Les Enfants Terribles* hat der Autor extra zum Weihnachtsbuch beigetragen. Abdruck mit freundlicher Genehmigung des Autors. © 2003 by Gunter Hansen, München.
Siehe auch Steffen Haas.

WOLFGANG HILDESHEIMER
Die »Gedanken zu einem Gedicht von Loriot« erschienen zuerst in »Der Rabe 9«, hrsg. von Gerd Haffmans, Zürich 1985. Das hier zitierte *Advent*-Gedicht stand zuerst in *Loriots Kleine Prosa*, Zürich: Diogenes Verlag 1971.
Abdruck mit freundlicher Genehmigung des Suhrkamp Verlags aus Wolfgang Hildesheimer: *Gesammelte Werke in sieben Bänden*, hrsg. von Christiaan Lucas Hart Nibbrig und Volker Jehle, Band VII: *Vermischte Schriften*. © 1991 Suhrkamp Verlag, Frankfurt a. M.

RUDI HURZLMEIER
Das Einbandbild mit Giraffe, *Levitenlesen und in Sack stecken* ... sowie der Klassiker *Wir warten aufs Christkind* hat der Künstler eigens für dieses Weihnachtsbuch gestiftet. Abdruck mit freundlicher Genehmigung des Autors. © 2003 Rudi Hurzlmeier, München.

STEFFEN JACOBS
Zum Neuen Jahr stand zum ersten Mal im »Raben-Kalender für das Jahr 2001«. Jetzt im neuesten Gedichtband des Autors *Angebot freundlicher Übernahme*. © 2002 Zweitausendeins, Frankfurt a. M.

OTTO JÄGERSBERG
Weiße Weihnacht und die Frau, die alles tragen kann wurde für dieses Weihnachtsbuch geschrieben. Erstveröffentlichung mit freundlicher Genehmigung des Autors. © 2003 Otto Jägersberg, Baden-Baden.

GABRIEL JOSIPOVICI
Weihnachten wurde als *Christmas* eigens für dieses Buch verfaßt und erscheint in der Übersetzung des Herausgebers erstmals deutsch als Welturaufführung. © 2003 Gabriel Josipovici, Lewis in Sussex.

THOMAS KAPIELSKI
»Den Wein achten« (Titel vom Hrsg.) ist ein kleiner Ausschnitt aus der erweiterten Fassung *Sozialmanierismus* erschienen 2001 im Merve Verlag und 2003 bei Zweitausendeins. © 2001 Merve Verlag, Berlin. Zweitausendeins, Frankfurt a. M.

KLABUND
Bürgerliches Weihnachtsidyll. Aus: *Der himmlische Vagant*, o. O., o. J.

KARIN KUSTERER
Der Weihnachts-Test. Erstveröffentlichung mit freundlicher Genehmigung der Autorin. © 2003 Karin Kusterer, Germering bei München.

BERNHARD LASSAHN
Wer war Michelangelo? Erstveröffentlichung mit freundlicher Genehmigung des Autors. © 2003 Bernhard Lassahn, Berlin.

MICHAEL MCLAVERTY
Weihnachtsmann erscheint hier erstmals deutsch von Harry Rowohlt. Als *Father Christmas* in Michael McLaverty: *Collected Short Stories*, edited with an afterword by Sophia Hillan, introduction by Seamus Heaney, erschienen 2002 in The Blackstaff Press in Belfast. © 2002 by The Estate of Michel McLaverty, © 2003 Übersetzung Zweitausendeins, Frankfurt a. M.
Abdruck mit freundlicher Genehmigung der Blackstaff Press, Belfast, und der Literaturagentur Andreas Brunner in Wien.

MARIE MARCKS
Fast alle Jahre wieder wurde eigens für dieses Werk gefertigt und erscheint in Wort und Bild mit freundlicher Genehmigung der Autorin. © 2003 Marie Marcks, Heidelberg.

Klaus Modick
Neujahrsamnesie. Erstveröffentlichung mit freundlicher Genehmigung des Autors. © 2003 Klaus Modick, Oldenburg (Oldbg).

Christian Moser
Endstation Weihnachten wurde für dieses Weihnachtsbuch ersonnen und ausgeführt. Erstveröffentlichung mit freundlicher Genehmigung des Autors. © 2003 Christian Moser, München.

Fanny Müller
Rhinozerosse. Erstveröffentlichung mit freundlicher Genehmigung der Autorin. © 2003 Fanny Müller, Hamburg.

M(auri) A(ntero) Numminen
Der Weihnachtsmann schlägt zurück erschien zuerst 2001 mit dem Untertitel »Eine Geschichte aus dem Polarkreis« in der Übersetzung von Eike Fuhrmann und mit Illustrationen von Volker Kriegel als Einzelausgabe im Haffmans Verlag, Zürich.
Die lyrisch verdichtete Fassung gleichen Titels stammt von Jarkko Laine, von Matti Kontio in deutsche Verse gebracht wie auch das *Ferkel*-Lied, dessen Originaltext von Juice Leskinen stammt. Abdruck mit freundlicher Genehmigung der Autoren und ihres Sängers. © 2003 by M. A. Numminen, Jarkko Laine, Juice Leskinen, Matti Kontio. Beide und viele weitere Lieder auf der neuen CD *M. A. Numminen singt wüste wilde Weihnachtslieder*, im Oktober 2003 bei Zweitausendeins, Frankfurt a. M.

Ari Plikat
Sieht im Fernsehen besser aus und *Sein erster Schneemann* erscheinen mit freundlicher Genehmigung des Autors. © 2003 Ari Plikat, Dortmund.

Hilke Raddatz
Meine ersten Fest-Tage (Titel vom Hrsg.) entstand für dieses Weihnachtsbuch. Erstveröffentlichung mit freundlicher Genehmigung der Autorin. © 2003 Hilke Raddatz, Hamburg.

Karla Schneider
Cumberlandsauce wurde für dieses Weihnachtsbuch geschrieben. Erstveröffentlichung mit freundlicher Genehmigung der Autorin. © 2003 Karla Schneider, Wuppertal.

NACH- UND HINWEISE

SHEL SILVERSTEIN
Der Weihnachtshund erschien 1998 in deutscher Nachdichtung von Harry Rowohlt zuerst in *Raufgefallen* im Haffmans Verlag, Zürich. Die amerikanische Originalausgabe *Falling Up* kam 1996 bei HarperCollins Publishers heraus. © 1996 by Shel Silverstein. Abdruck mit freundlicher Genehmigung der Literary Agency Edite Kroll, New York, und der Thomas Schlück Literary Agency, Garbsen bei Hannover.

RALF SOTSCHECK
Der Trend geht zum Zweitbaum und *Der Fotograf und die Hausmeister der Hölle* erscheinen als Erstveröffentlichungen mit freundlicher Genehmigung des Autors. © 2003 Ralf Sotscheck, Dublin.

LINDA VERHAELEN
Wunschzettel an einen Weihnachtsmann und *Weihnachtseinkauf* entstanden für dieses Weihnachtsbuch. Erstveröffentlichung mit freundlicher Genehmigung der Autorin. © 2003 Linda Verhaelen, Düsseldorf.

P. G. WODEHOUSE
Genau was ich mir gewünscht hatte erscheint hier erstmals deutsch von Harry Rowohlt. *Just what I wanted* erschien im Kriegsjahr 1915 unter dem Pseudonym P. Brooke-Haven als einer der Beiträge, die Wodehouse von 1914 bis 1923 für das Amerikanische Magazin »Vanity Fair« schrieb. © The Trustees of the Wodehouse Estate. Abdruck mit freundlicher Genehmigung der Literary Agency Mohrbooks in Zürich.

Ein besonders kraftvoller Dank geht an Dieter Steinmann, Pirmasens, für seine anhaltende befeuernde Mitwirkung und die Erschließung neuer Generationen von Autoren und Zeichnern, die demnächst die weihnachtliche Festfackel wegweisend weitertragen.

– THE THREE HOOLIGAN KINGS! –

DIE HEILLOSEN DREI KÖNIGE,

STEFFEN HAAS